二〇一四年湖北省學術著作出版專項資金資助項目
二〇一六年國家社科基金重大攻關項目「日本《十三經注疏》文獻集成」
階段性成果（項目編號：16ZDA109）

湖北省学术著作出版专项资金
Hubei Special Funds for Academic Publications

東亞漢籍研究叢刊

儀禮疏攷正

[日]倉石武四郎 著

長江出版傳媒
崇文書局

圖書在版編目（CIP）數據

儀禮疏考正 /（日）倉石武四郎著.
—武漢 ： 崇文書局， 2018.12
ISBN 978-7-5403-5003-1

Ⅰ. ①儀…
Ⅱ. ①倉…
Ⅲ. ①禮儀－中國－古代②《儀禮疏》－研究
Ⅳ. ①K892.9

中國版本圖書館 CIP 數據核字（2018）第 116255 號

儀禮疏考正

特約編輯　喬秀岩
責任編輯　李艷麗
責任校對　董　穎
責任印刷　田偉根

出版發行　長江出版傳媒｜崇文書局
地　　址　武漢市雄楚大街 268 號 C 座 11 層
電　　話　(027)87293001　郵政編碼　430070
印　　刷　武漢市金港彩印有限公司
開　　本　880mm×1230mm　1/32
印　　張　19.25
字　　數　200 千
版　　次　2018 年 12 月第 1 版
印　　次　2018 年 12 月第 1 次印刷
定　　價　190.00 圓
（如發現印裝品質問題，影響閱讀，請與承印廠調換）

儀禮疏考正解題

喬秀岩

一、倉石武四郎經歷簡介

上世紀七八十年代，岩波中國語辭典是在日本學漢語的人員人手一本的必備寶典。一九六三年問世以來，雖因其獨特體例，不無争議，但牢靠的語言學基礎使其在學術上無可挑剔（具體語言現象的分析，多得力於黎波先生），加上倉石武四郎多年教學漢語的結果，很多漢語教師都出其門，岩波中國語辭典甚至蒙上一層神奇色彩，自然成爲學習者的首選，因而編者倉石武四郎之名聲也無人不曉。隨著學習人口的增加，九十年代以後出現各種新編漢語詞典，教學方式也多樣化，岩波中國語辭典不僅不再是必備資料，還呈現逐漸淡出歷史舞臺的形勢。當今學習漢語的年輕人隊伍中，絕大多數都不曾聽聞倉石武四郎這一人名。

在中國，一九八六年商務印書館與岩波書店合作出版的岩波日中辭典曾有一定影響，進入本世紀後，二〇〇二年中華書局出版倉石武四郎中國留學記、二〇一一年人民文學出版社出版舊京書影、二〇一三年北京大學出版社出版日本中國學之發展，分別都有一些讀者。對中國讀書界而言，倉石武四郎仍然是一個相當陌生的人名，而榮新江、朱玉麒兩位老師編倉石武四郎中國留學記，在前言、附録中已經提供了相當詳細的資料，足以瞭解基本情況。在此盡量回避重複，重點介紹他的治學經歷。

瞭解倉石武四郎的生平及著作，最基本的資料是倉石身後弟子們編輯一九八一年「くろしお出版」出版的倉石武四郎著作集二卷，精裝二册。第一卷亦即第一册，副標題「語言、思惟、社會」，收録三十二篇作品，附録户川芳郎老師解題。解題第一節完整地收録一九七九年賴惟勤、户川芳郎合撰倉石武四郎博士傳略，不妨視爲後來所有關於倉石生平叙述的基礎。第一卷正文最後一篇題目叫我的道路，由五篇短文組成，原連載於報紙上。内容爲自身經歷的簡要回顧，并不採用簡歷式身份變遷的叙述，而著重介紹對自己影響深刻的具體事情，有助於我們體會倉石學業漸進的過程。著作集第二卷亦即第二册，副標題「漢字、日本語、中國語」，收録四十一篇作品，後附賴惟勤先生解題及倉石武四郎博士論著目録。論著目録十分詳細，瀏覽一過，對這位學者的一生經歷，也能思過半矣。

倉石一八九七年（光緒二十三年）生，一九一五年考進日本「第一高等學校」（若按學年算，約當今大學本科），開始學習現代漢語。三年級時，請安井小太郎個人輔導，安井用日語訓讀講授尚書正義給倉石。（德川幕府時期以來，直至近代，絕大多數日本學人閱讀中國古籍，都用日語朗讀，用日語理解。日語語法與漢語截然不同，而深受漢語影響，故日語包含大多數漢字及漢語詞彙。因此，以已經日語化的漢語詞彙爲基礎，調整語序，再注意少數日語沒有或與日語不同的語法、詞彙現象，即便不學漢語，也能理解古代漢語的大致文義。這就是近代日本的「訓讀」法。）一九一八年進入東京帝國大學（約當今碩士），又請漢語教師張廷彦先生個人輔導，倉石自選古文真寶等教材，請張先生用漢語朗讀。一九二一年東京帝國大學畢業，一九二二年進入京都帝國大學大學院，師事狩野直喜。當時狩野開課講讀尚書正義，第二年開始給研究生講讀喪服疏。狩野在課堂上用日語訓讀，而自己閱讀則直接用漢語理解。狩野對分析賈疏語言要求很高，非究明每一助詞在具體語境中的機能不可。倉石自述認爲自己解讀古籍若有一定水平，完全是狩野這一課程所賜。倉石在我的道路中介紹當年的情景：

> 有一次，遇到儀禮疏中一處特別難解之處。老師多番解釋，似都講不太通。我聽老師講解不太釋然，貿然申述自己的理解。老師一開始否定我的理解，而我有一定的自信，重申己説，最後老師也接受了我的看法。那時别提多高興，中午下課，我都不記得自己怎麼回到家裏。應該是太高興，飄飄然忘乎所以了吧。另外一次是，京大的工作人員忽然跑到黑谷我租住的小廟來，説是狩野老師叫我馬上到他府上。不知是何事，急忙

趕過去，只見老師跟我講「上次課堂上你表述過的看法是不對的」，重申他的理解。老師如此鄭重説明，我豈敢再回嘴。無論對我的看法是肯定還是否定，能夠受到老師這樣認真的指導，我心中充滿無限的幸福。

一九二六年任京都帝國大學專任講師，一九二七年任助教授。一九二八年以「文部省在外研究員」身份留學北京，至一九三〇年回日本。周一良先生序倉石留學記，開頭即言「首先的感覺是他一個留學生在中國，怎麼會有那麼多的錢買那麼多的書？」顯然没有考慮倉石的留學實際上是大學副教授的訪問研究。另據吉川幸次郎的回憶，當時中國銀價暴跌，所以倉石、吉川他們可以過得很闊氣。在北京期間，先請奚待園先生講授紅樓夢全部一百二十卷，後師事孫人和先生，還住其家中，也曾編過舊京書影。一九三一年起，以京都帝國大學助教授兼任東方文化學院京都研究所研究員，開始執行題爲「禮疏校訛」的個人研究項目，經六年努力，一九三七年撰成儀禮疏考正，圓滿結項。一九三九年又向京都帝國大學提交段懋堂之音學，獲博士學位，同年晋升爲教授。一九四〇年起，以京都帝國大學教授兼任東京帝國大學教授，至一九四九年停止兼任，單獨任東京大學教授，至一九五八年以六十歲退休。漢語教學方面，自一九三八年出版支那語發音篇、支那語語法篇、支那語讀本、支那語翻譯篇以來，編過大量教材，一九五〇年起在東京舉辦漢語講習會，一九五五年創刊「中國語」雜誌，一九五八年出版拉丁化新文字中國語辭典，一九六三年出版岩波中國語辭典，一九六四年創辦日中學院，一九七〇年逝世。

倉石的學術生涯，似乎可以分前後兩段，前期專治漢學，後期以漢語教學爲主。四十歲前後完成儀禮疏考正與段懋堂之音學，是倉石治漢學的巔峰，而且他的漢學專著，除了帝國大學畢業論文恒星管窺外，僅此兩部而已。一九三七年完成儀禮疏之後，倉石開始往漢語教學方面投入較大精力，至一九三九年完成段懋堂之後，則幾乎放棄漢學研究。一九三九年以後發表的大量文章，都以漢語教學爲主，兼有少數清朝小學史話之類介紹性文章，因此讀者想要觀摩日本二十世紀漢學大師成果而翻看倉石武四郎著作集，一定會大失所望。

日本以往缺乏研究、教學漢語的理論基礎，倉石要在漢語教學的荒地上一手建立一套有效的理論與機制，包括編教材、編詞典、辦講習會、上廣播課，實在是可歌可泣的一部創業史。所編岩波中國語辭典不以漢字爲字頭，無論是單音節、雙音節還是多音節，都以「詞」爲條目，一律用羅馬字拼音順序編排，而且每一詞條都標註文、白、方言、俗語等使用場合之不同，充分體現倉石要探究當代漢語語言的學術興趣，後附以意義編排的詞表，簡直是現代版爾雅。這種奇特的體例，只有在倉石對傳統漢學的造詣、對語言學的熟悉、對漢語教學的熱情，還有當時中國的改革與奮狀態，幾種條件重合之下，才有可能出現。不僅前所未有，後繼也不會有人，自然要在學術史上佔據很重要的位置。相比之下，倉石的漢學成就，長期以來沒有引起學界的關注。京都大學至今有一批研究語言的學者，對段懋堂也很關注，曾經聽聞京都大學人文科學研究所退休教授高田時雄先生有意排印出版。至於儀禮疏考正，儘管有一九七九年影印本，至今仍未有解人。

二、以往對儀禮疏考正的評價

著作集第二卷末的賴先生解題提到倉石攻讀儀禮疏的情況，今連其上下文一起引録如下。

由作者（案：此指倉石）提倡，并且實現的新學風，要之與中文音讀分不開。自一九二八年作者爲出國研究「離開日本時起……（中略）……日式訓讀已投棄於玄海灘（案：玄海灘指日本九州北部海域。此句意謂當離開日本渡華時，下定決心徹底放棄用日語解釋中文的日本舊習，而直接用現代漢語讀音閲讀古文）」，指的就是此事開端。

……（中略）……

作者前往京都在一九二二年，爲出國研究離開日本在一九二八年。此間前後七年的治學，應該説凡是在日本國内能學到的都學好，學問已經到一個極點。（原注：這麼講，與學術追求之無涯自然是兩碼事。）

在此期間，作者參加狩野直喜的儀禮疏演習課，多年後回顧往事，作者有多次提到過。據其親口叙述，令他感到最得意的是他發現緦麻章「士爲庶母」節賈疏「當云大夫已上」「當」應該是「雷」字之訛。

以上，不怕冗長做介紹，是爲説明作者「投棄於玄海灘」的究竟是如何東西，都有多沉重。

賴先生認爲一九二二至二八年間倉石在京都讀書，已經做到日本漢學的最高境界，只有去留學才能有進一步的飛躍。上一節引録的我的道路中，倉石自己也説在狩野直喜的指導下，學到了讀書方法。在此我們可以確認，撰寫考正在一九三一至三七年之間，但一九二三年他在狩野門下已經開始研讀儀禮疏。

賴先生的叙述引發我們思考一個問題：儀禮疏考正究竟屬於被「投棄於玄海灘」的日本傳統學風，還是訪華研究後的新學風？令倉石一生難忘的「雷云」的發明在訪華研究之前，是在狩野門下讀書的成果，而且考正體例無異於清代傳統學術，很容易被劃歸「舊」學風。賴先生的叙述似乎也將「雷云」一事包含在「投棄於玄海灘」的東西當中。不過，撰寫考正的整個過程，明明都在訪華回來後，倉石不可能偷偷跑回玄海灘重拾曾經「投棄」的東西，儘管「雷云」的發明確實收録在考正中。

筆者推測，在倉石看來，狩野的讀書方法已經是新的，而且永遠不會過時。考正的基本方法應該與狩野研讀儀禮疏沒有兩樣。此間情況，不妨如此整理：安井小太郎（一八五八年咸豐八年生）他們的日語訓讀是第一種讀書方法；狩野（一八六八年同治七年生）用漢語直接理解，口頭表述用日語訓讀，是第二種方法；倉石（一八九七年光緒二十三年生）後來堅持口頭表述也用現代漢語讀音，是第三種方法。一九二八年訪華，將日語訓讀「投棄於玄海灘」，告別第一種方法，要改用第三種方法。至於第二種方法，屬於兩者中間，狩野的讀書，連每一個助詞都不要忽略，是徹底研究古代漢語文本語言的標準做法，固爲倉石所推崇，與安井他們的老式日本漢學截然不同。至於表述用日語訓讀還是用現代漢語讀音，不過是形式問題，并非本質所在。賴先生的叙述忽略了第一種與第二種之間的鴻溝，視第二種與第一種爲同類，過分突出第三種情況的革新意義，所以將一九三七年儀禮疏考正的内容劃歸爲一九二八年已經「投棄於玄海灘」的東西當中，而不覺其矛盾。

一九三七年撰成的儀禮疏考正，手訂原稿提交東方文化學院京都研究所。戰後取消東方文化學院，考正原稿隨同東方文化學院舊藏書轉歸京都大學人文科學研究所。一九七九年「東京大學東洋文化研究所附屬東洋學文獻中心」據人文科學研究所所藏原稿影印儀禮疏考正，作爲官方學術機構的非賣品，第二年才由汲古書院發行銷售。影印本卷首有簡短的刊行辭，其中有一段評論，翻譯如下：

倉石博士并非專研六朝或唐代。他善於運用繼承清代考據學的民國國學的優秀傳統，亦即樸學方法。本書乃倉石博士將這種方法施用於儀禮疏五十卷的讀書業績。是對鄭玄注儀禮經十七篇的賈公彦疏的「考正」，即校訂文本的記録，是對賈公彦禮疏五十卷全文的校勘記。同時，通過這種校勘，也自然顯示對儀禮經文、鄭玄儀禮注的考訂意見。

刊行辭這種説法，應該反映二十世紀後半期日本漢學界對傳統漢學的基本認識。在他們心目中，民國國學繼承清代考據學，清代考據學又繼承漢唐注疏，一脈相承，而清代考據學尤其精密，民國國學是清代考據學的現代版。不少讀者會想到一個問題：如果認爲倉石繼承清代考據學或民國國學，在清代已有阮元校勘記、曹元弼校釋的情況下，倉石又寫考正，豈不等於屋下架屋？難道説曹元弼校釋不足以體現「優秀傳統」？刊行辭沒有考慮這些問題，應該是因爲執筆者對倉石的學術，對考正的内容，缺乏具體的瞭解。至於刊行辭認爲倉石通過校訂賈疏，同時表示自己對經文、注文的理解，同樣出於缺乏瞭解的臆測。這種評論，或許適合於曹元弼，因爲曹元弼書名禮經校釋，儘管内容以校訂賈疏爲主，曹元弼固以彰顯經注義理爲目標。倉石與此不同，只要一讀，不難發現倉石對經文、注文無所措意。

蜂屋邦夫先生在東京大學東洋文化研究所多年主持儀禮疏讀書班，最後整理出版譯注「儀禮士冠疏」（一九八四年）、「儀禮士昏疏」（一九八六年），在後記中對參考文獻進行點評，其中對倉石考正的評價是認爲廣泛參考清人成果，取捨精當。蜂屋先生顯然也認爲倉石的研究方法與盧文弨、阮元、胡培翬、曹元弼等清代學者一脈相承，只有精粗程度之差别，而且清人成果卓著，考正很少發明，只不過編成精要得體、便於參考的匯總而已。由於他們對經學、禮學缺乏具體瞭解（蜂屋先生研究道教，儀禮疏讀書班也没有經學專家），所以不知清人學術之本質與倉石截然不同。

三、倉石考正與清人著作截然不同

本節試論倉石考正與清人不同的本質特點，先看上引倉石自己得意的例子。

喪服緦麻章「士爲庶母」，傳曰：「何以緦也？以名服也。大夫以上爲庶母無服。」

賈疏：「傳云『大夫已上爲庶母無服』，則爲庶母是士可知，而經云『士』者，當云大夫已上不服庶母，庶人又無庶母，爲庶母服者唯士而已，故詭例言『士』也。」

倉石考正云：「『當』當作『雷』，字之誤也。通典（原注：卷九十二）引雷次宗曰：『爲五服之凡不稱其人者，皆士也。若有天子、諸侯下及庶人，則指其稱位，未有言「士爲」者。此獨言「士」，何乎？蓋大夫以上庶母無服，庶人無妾則無庶母，爲庶母者唯士而已，故詭常例以著唯獨一人也。』即謂此也。殿本、校釋紛紛改字，皆非。鄭氏私箋又云『雷次宗説，賈氏疏蓋沿之』，不知賈氏明明引雷。學如遵義，亦爲瞀惑如此。甚矣，魯魚之貽誤後人也。」

不知讀者有何感想？倉石發現賈疏此段出雷次宗，遂知「當云」當爲「雷云」之訛誤，其説固是。喪服疏屢引雷次宗説，多稱「雷氏云」，而齊衰不杖期章亦見稱「雷云」之例，則此賈疏直接引録雷説，其文當作「雷云」，確不可疑。然如此校正單純無比，止需參閲通典即可知，何以使倉石感到得意？筆者猜想，可能就是因爲單純，倉石才認爲値得紀念。且看清人如何處理？殿本「當云」改作「當由」，校釋云「『云』似當爲『以』」，是皆知此作「當云」之不辭，而下文内容不難理解，以爲此段無非解釋經文所以特稱「士」之理由，遂爲改字，作「當由」「當以」而不覺其失。鄭珍更有長段論説，其文如下：

按：雷次宗曰：「……云云……。」賈氏疏蓋沿之。愚謂喪服經例誠如雷説，不應此經獨詭常例。今以傳文推之，知「士爲」二字，淺人因傳妄加，非經原有。蓋緦麻諸親，自天子至於庶人，無不有者。天子已無期服，自不論緦。公卿大夫所服緦，唯此章貴臣貴妾，是其尊有不下及士。此外皆降一等，則俱無服矣。庶母既在緦章，大夫無服可知。傳必著「大夫以上爲庶母無服」者，正以經止言「庶母」，則嫌大夫以上亦服之。何者？……云云……，一也。……云云……，二也。……云云……，三也。故傳於此經特明之，見爲庶母者唯士爲然，大夫以上舉不服庶母也。若經本有「士爲」二字，則已顯出主名，與「諸侯爲天子」「寄公爲所寓」等文一例，自移不到大夫以上，何嫌不爲庶母服而傳如此云乎。

鄭珍明知賈疏所述出雷次宗，而誤以爲賈氏轉述雷説，不知賈氏引用雷説而已。然後發長篇大論，論證經文不當有「士爲」二字，以爲雷次宗、賈公彦皆失察。張錫恭引録賈疏仍作「當云」，又引鄭珍説，以爲其説「似創而不背鄭義（案：「鄭義」謂鄭玄之喪服理論）」。可見清人止知討論經義，初無意於探索賈公彥文本原貌。換言之，清人與狩野、倉石之間，學術有本質區別，他們追求的目標截然不同。這一問題，至今學界未能有清楚的理解，有必要特别强調。

若論禮學功底，狩野、倉石他們絶非曹元弼、張錫恭之比，而他們校讀儀禮疏，發現很多清人忽略的問題，并能正確校定（儘管也有不少失誤）。不是因爲他們的學問比清人大，而是他們的學問與清人不同。清人治經學，研究經學學説，賈疏不過是參考資料之一，所以他們經常批評、否定賈疏，猶如宋人在校定漢注唐疏的同時，往往蔑視其説，另起爐灶撰作新注。清人對鄭玄注稍微客氣一些，但基本上也一樣，鄭玄的説法若不合「經義」，只能算鄭玄不妥了。都可以批評、否定了，所以他們没有必要認真研究鄭玄、賈公彥的學説，更不用説他們的文本、語言。狩野、倉石與此相反，純粹以理解賈公彥儀禮疏文本爲目的，對「經義」毫無興趣。倉石自跋考正，發其四凡：一、考賈疏淵源，一、正賈疏疏謬，一、正宋刻訛脱，一、正近儒臆改。第一條探索賈疏每一段觀點的來源，第二條追尋賈疏應該如何寫，第三條排除版本訛誤，第四條洗滌後人臆改，整體目標在於瞭解賈公彥如何參考先儒成説，編成儀禮疏，據此恢復并保存賈公彥的語言。第二條所謂「正賈疏疏謬」，不過校正引文標題失誤之類，并非議論賈疏觀點之是非。

總體而言，清代、民國治經學者，往往標榜「經世致用」，對賈公彥及儀禮疏本身，没有太大興趣，更無暇研究。因此在清人論説中，對賈疏誤會、曲解之處，俯拾即是，筆者曾介紹其一二

（見拙著義疏學衰亡史論、學術史讀書記，北京三聯書店即刊），此不贅。讀者看倉石的四凡，也會聯想到胡培翬正義的四凡：補注、申注、附注、訂注。訂注以鄭注爲非，補注、申注、附注以鄭注爲是，非一是三，大致相當於「三七開」。重點在非，只是考慮到長期以來的權威性，還是要説七分正確。此時標準握在胡培翬手裡，他自己做法官，沒有必要、也沒有辦法仔細傾聽鄭玄、賈公彥的心聲。胡培翬認定鄭玄不妥，有時不便直接給他定罪，也會找賈公彥等替死鬼背黑鍋。法官擔負著維持社會秩序的重任，需要對判決結果負責，無法如辯護律師般詳細調查嫌犯個人情況，也顧不了産生冤案。

清人對賈疏的研究，不過是「工欲善其事，必先利其器」而已，只求其利，不管何器，這并不是胡培翬個人的問題。如盧文弨儀禮注疏詳校，嚴元照即有「以篤老之年校難讀之經，欲求其一無可議，難已」之嘆。盧文弨是校勘名家，業師王文錦先生整理文集，曾摘録其校勘學論述，皆善言正理。然施諸實踐，則混亂不堪，故其校刊經典釋文，往往誤會内容，誤以經文之音爲注文之音，注文之音爲經文之音，根據一己之誤解來顛倒原書條目順序，消滅底本之正確信息，使顧千里不得不評爲釋文厄運。其於儀禮疏亦然。如賈疏分節經文，説明經文自某某至某某爲某事，然亦有不言分節之處。盧文弨遇此等處，輒以爲誤奪，必奮筆補足而後快，初不思賈氏原作如何。盧氏所作，乃替古人修改文章，視賈公彦猶如自己門生，毫無尊重之意，無怪乎他經常誤會賈氏文義而不自覺。

曹元弼是清末禮學專家，禮經校釋固然見功力，不可與盧氏同日而語。曹氏崇拜鄭玄，熟讀鄭注，因而也很重視賈疏，對賈疏的理解也相當精確。然曹氏畢竟是經學家，在他眼裏，賈疏也不過是非常有用的參考書，不可能作爲真正的研究目標。所以曹氏往往依據自己大致準確的理解，大膽改寫文字，全不顧傳本文字。如燕禮「樂正由楹内東楹之東告于公，乃降，復位」，賈疏：「至席工於西階上少東東面時，小樂正亦降，立於其南，北面。」校釋云：「『至席工於西階上少東東面時』當爲『至大師等降立於鼓北東面時』。」案：如此改字，文通字順，確實合理，但衹有「至」「東面時」用底本文字，中間八字徹底改寫，無法解釋如何産生如此訛誤。唐人賈公彦編撰，經宋人校定刊行之書，是一種歷史文獻。其中有賈公彦參考過的南北朝以來義疏作品的因素，有賈公彦自己的因素，是唐初成立的一種文本，經過唐代傳抄，北宋校定，又經過翻刻、修補，才形成現在我們看到的版本。我們想要知道北宋版的文本究竟如何，也要推想賈公彦原稿的文本究竟如何，是歷史文獻學的興趣。曹元弼顯然没有這方面興趣，是興趣點不同。

狩野、倉石他們對「經義」毫無興趣，他們的目標就是精確理解賈公彦儀禮疏的文本。精確理解，也包含歷史因素，如賈説來源、版本訛誤等。他們既有處理版本、校勘問題的文獻學能力，也有探索學説演變、分析歷史語言現象的能力，在這一點上與以往的日本漢學家完全不同。清人面對儀禮疏，應該未嘗想過自己會讀不懂，儘管實際上經常誤會。狩野、倉石一開始就知道自己會讀不懂，所以虛心探索，百般研究，集中精力追究眼前文本每一個字之所以然。要説版本訛字，必須解釋如何會産生那種訛誤。若不得解釋，應該考慮自己的理解有問題。他們也不會滿足於理解學説内容，必須做到連每一個助詞的語氣都能體會到。清人看到「當云」，要麼忽略，要麼臆改，明知此説之出於雷氏，終不覺「當」爲訛字。此又不足以爲清人病，因爲無論「當云」「雷云」，對他們治經學都不會有絲毫影響，他們没有必要留心這些問題。目標不同，不必相責；求仁得仁，有何怨乎。

當然，「清人」也是過於籠統的概括，自然有例外。像顧千里是超群孤獨的文獻學家，可以視爲狩野、倉石的先人（請參拙文學撫本考異記）。民國也有像黄侃熟讀賈疏，又認真讀過胡培翬正義，所以能有胡疏「直可不作」的認識，與未嘗讀過具體内容的評論家亂吹捧清人新疏不同。（同理，日本早期亦有島田翰，是善讀書者。）但總體來説，清代、民國治經學、治禮學的基本上都是經學家，幾乎没有人投入精力虛心閲讀唐人賈公彦作品，遑論研究。儀禮疏考正是儀禮疏的校勘記，表面看來似乎與詳校、校勘記、校釋同屬一類，但内容有本質區別。目標不同，關注點不同，所以不能相提並論，也不能評比高低。

四、儀禮疏考正的參考價值

如上所述，作爲專門關注儀禮疏文本而不衹關心學説的校讀成果，儀禮疏考正既是第一部作品，同時又是至今唯一一部。同好之士，有意攻讀儀禮疏，倉石考正無疑是個最佳夥伴。當你發揮自己靈敏的語感閱讀賈疏，感到有點彆扭，懷疑文本有問題的時候，翻看考正往往會發現倉石也在同樣地方感到有問題，給你提供一個參考答案。二十年前筆者開始攻讀儀禮疏，參考多種清人著作，屢見他們誤解、曲解賈疏，徹底失望，同時發現唯獨倉石考正在認真學習賈公彦，如在黑夜裏聽到同行者的脚步聲，感到無比欣慰。今日讀者，只要不以「經世致用」或「復原古禮」爲目的，虚心研讀賈疏，都會有同感。

所謂篳路藍縷，而且五十卷規模不小，倉石花六年完成，也是在教學餘暇斷斷續續積累的成果，自然不會是完美的最終答案。在此提出今後我們可以繼續用力的方嚮，以期與讀者共勉。

儀禮疏版本流傳非常有限，當年倉石没有用到特别的版本，版本異文不外乎校勘記所載範圍。我們今日有宋版要義影印本，宋版儀禮經傳通解影印本，都可以用來參校，是倉石當年没有具備的條件。更要命的是黄丕烈影抄單疏本，現在不僅有再造善本影印本，還可以在中國國家圖書館網頁免費瀏覽。黄抄本對底本字迹模糊之處都有鈐印標誌，可以推想宋版原貌。另外，天一閣藏顧千里校本，是理解張敦仁刻儀禮注疏、阮元刻儀禮注疏、汪士鐘刻儀禮疏文本的關鍵，十分重要（請參文獻2016年第一期周慧惠天一閣藏顧廣圻校儀禮注疏考述），也能在天一閣的網頁上免費瀏覽。有些文本疑義，看到黄抄、顧校即可解決，可喜可賀。此舉一例：士冠禮「請禮賓，賓禮辭許，賓就次」，注「次，門外更衣處也，必帷幕簟席爲之」，疏「云『心帷幕簟席爲之』者……」。校釋云「『心』當爲『必』，單疏作『心』」，考正云「『心』當『必』之壞字，注疏本正作『必』」。此曹氏、倉石均爲俗本所誤。今案宋本要義作「以」，黄丕烈影刻嚴州本注即作「以」，顧千里校本云「若注作『必』，賈當疏之」，則賈疏當作「以」，形訛作「心」作「必」，確不可疑。

倉石自跋考正，評論清人校勘「往往求之太過，疑其不可疑，或等閑視之，不中其關要」。然此事固無人可免，考正亦多此失，無需諱言。如士冠禮首節賈疏云「自此至『宗人告事畢』一節，論將行冠禮，先筮取日之事」，考正云：「『諏』誤『取』，各本正作『諏』。」案宋本要義亦作「取」，則單疏宋版必當作「取」，自不誤，故大宗伯疏亦云「先帥執事，共卜取吉日」。作「諏」則「諏日」專指「人謀」，特牲所謂「不諏日」，士冠禮固不當「諏日」。是知俗本皆誤，倉石一時失誤，疑其不當疑。諸如此類，問題甚多，皆待讀者審擇。倉石沒有出校，今日可補之處，又不勝枚舉。

五、附論倉石的政治問題

最後爲倉石的政治問題做簡單的解釋。倉石是「京都帝國大學」的教授，在北京期間直接參與購買陶湘的叢書收藏，偷偷運往京都，作爲「東方文化學院」的藏書基礎。著作集第一卷收録漢文教育的問題、支那學的現狀這兩篇一九四三年的文章，表述一九四二年二月一八日新加坡淪陷時感到的解放感，又説日本人作爲「大東亞共榮圈」的領導者云云，有明顯的時代烙印。考慮到倉石作爲日帝高層成員的身份，有這種表現也很自然。戰爭期間在思想上能夠與帝國主義撇清界限的日本人極其罕見，如村上知行先生以盧溝橋事件爲機，毅然辭掉讀賣新聞記者一職，留在北京靠文筆謀生，十分奇特，不得不令人敬佩。日本一個小地方，沒有大後方存在的餘地，反對極權即無栖身之地，只好全民法西斯化。

然而，同樣接受帝國主義政權，如何表現又因人而異。倉石并非積極鼓吹「大東亞」的投機分子，對中國、中國人始終保持應有的敬意。支那學的現狀一文的主旨在要求日本發展漢學，振興現代漢語教學，以便提高日本對當代中國、中國文化的理解水平，絶無對中國學者指手畫脚的意圖。筆者認爲，倉石是一種政治盲人。曾見長澤規矩也先生一篇文章（東京帝大的門閥，筆者看到汲古期刊校樣，據云有人反對，沒能刊發。據説至二〇〇〇年長澤孝三先生出版昔日老師，今日老師，以此篇附録云)，介紹他接觸過的一些學者的生態。其中講到，倉石回到東京任教，是長澤在中間穿針引綫。吉川幸次郎（一九〇四年生）小倉石七歲，本來是倉石學弟，後來同在京都帝國大學任教，開始嫌倉石的存在會妨礙自己事業的發展。於是長澤叫倉石調到東京，避免一山二虎。有趣的是，當長澤説明這些背景時，倉石堅持説「吉川君才不是這種人」，不相信長澤的話。戰後倉石投身於漢語教學，也受新中國熱情的影響。著作集第二卷收録中國文字改革視察學術代表團報告一文，記録一九六二年訪問文字改革委員會的記録，以興奮的文筆，表達出「人民大眾」對「中華人民共和國」的「熱情」。因爲是善良的政治盲人，所以政治立場隨時而變，但都是積極正面的，并無居高臨下或損人利己等劣迹。孫人和先生是筆者業師王文錦先生的老師，深於禮學、音學，也治子學，是當時最傑出的讀書人之一。筆者到北京工作，一直承蒙孫先生千金孫彦貞老師的關懷，曾聽她介紹説，當倉石重訪北京時，孫先生冒著政治風險，還特意去見倉石。這不僅説明孫先生爲人的厚道，還能看到孫先生對倉石人品的一種認可。

倉石一生的成就，舉其大者，有儀禮疏考正、段懋堂之音學，一系列漢語教學活動以及岩波中國語辭典。每一樣都是投入大量時間、精力，默默奉獻的工作。他所作所爲都很實在，就算做面嚮大眾的普及工作，如漢語教學，他教育了一批又一批無數的無名學員；又如翻譯論語，他用最平實的日語口語翻譯，解釋完全遵照朱熹集注，不加多餘的注釋，絲毫沒有賣弄學問，抬高自己身價的意思。這樣做的結果，他在社會上的名聲至今幾乎被埋沒，但我們都不懷疑今日日本的漢語教學是在倉石打好的基礎上發展過來，他的儀禮疏考正、段懋堂之音學、岩波中國語辭典都在發放不朽的光芒，永遠爲孤獨的後人提供勇氣。

目録

解題……一
卷一　儀禮疏序　士冠禮第一……一
卷二　士冠禮第一……一三
卷三　士冠禮第一……二九
卷四　士昏禮第二……三九
卷五　士昏禮第二……四九
卷六　士昏禮第二……五七
卷七　士相見禮第三……六七
卷八　鄉飲酒禮第四……七七
卷九　鄉飲酒禮第四……八一
卷十　鄉飲酒禮第四……九一
卷十一　鄉射禮第五……一〇一
卷十二　鄉射禮第五……一一七
卷十三　鄉射禮第五……一三一
卷十四　燕禮第六……一四三
卷十五　燕禮第六……一五三
卷十六　大射第七……一六三
卷十七　大射第七……一六九
卷十八　大射第七……一七七
卷十九　聘禮第八……一八七
卷二十　聘禮第八……一九七
卷二十一　聘禮第八……二〇五
卷二十二　聘禮第八……二一五
卷二十三　聘禮第八……二二一
卷二十四　聘禮第八……二二九
卷二十五　公食大夫禮第九……二三九

卷二十六　公食大夫禮第九　覲禮第十……二五一
卷二十七　覲禮第十……二五九
卷二十八　喪服第十一……二六九
卷二十九　喪服第十一……二九一
卷三十　喪服第十一……三一一
卷三十一　喪服第十一……三三一
卷三十二　喪服第十一……三四九
卷三十三　喪服第十一……三六三
卷三十四　喪服第十一……三七九
卷三十五　士喪禮第十二……三九九
卷三十六　士喪禮第十二……四一九
卷三十七　士喪禮第十二……四三九
卷三十八　既夕禮第十三……四五五
卷三十九　既夕禮第十三……四六七
卷四十　既夕禮第十三……四七五
卷四十一　既夕禮第十三……四八五
卷四十二　士虞禮第十四……四九三
卷四十三　士虞禮第十四……五〇三
卷四十四　特牲饋食禮第十五……五〇九
卷四十五　特牲饋食禮第十五……五一七
卷四十六　特牲饋食禮第十五……五三一
卷四十七　少牢饋食禮第十六……五四五
卷四十八　少牢饋食禮第十六……五五三
卷四十九　有司徹第十七……五六三
卷五十　有司徹第十七……五七五
跋……五八五
跋（譯）……五八九

儀禮疏攷正卷一

庶可施以（以注疏本俱作矣阮氏元儀禮注疏挍勘記云要義作庶可以施今案以疑當作行）

儀禮疏序節

則是於諸侯（於上注疏本有仕字案釋文此句作則是仕於天子下句作諸侯之士諸侯天子四字誤倒而仕字未脫此當有者為是）

成人之士若何（士闕本作事案齊語正作事）

小記云大夫冠而不爲殤（大闕本作丈挍勘記云作丈爲是蓋言丈夫冠而不爲殤今大夫降兄殤在小功則大夫有未冠之兄而大夫之身尚未二十可知）

喪爲第十三　喪上脫士字當從各本補

士冠禮第一鄭目錄節

論將行冠禮先筮取日之事　諏誤取各本正作諏

闑爲門限　盧氏文弨儀禮注疏詳校云闑當作閾

士冠至廟門節

謂遷主所藏始祖同也　同武英殿本作廟字

嫌著龜之靈由廟神者　注疏本無龜字與注合下同

龜筮能出其卦兆之占耳　龜筮各本作著龜案筮當作著下同

若以卦對生成之鬼神卦下殿本增兆字

注筮者至廟神節

云素韠者　通解引此疏作既云素韠

不服曹氏元弼禮經校釋云服下脫朝服二字

草言龜者　校勘記云草要義作蔡

是以雜記卜筮皆朝服也　案雜記云大夫卜宅占者皮弁如筮則占者朝服與此違

此爲冠事冠事　冠事二字疑誤複

直裨垂之三尺屈而重者 重各本作垂以是

士則裨其末繞三尺所垂者 〔此以有譌按釋乃云繞當為繞未碻〕

不裨在者 〔按勘記云在當作屈按釋云在下脫上未知孰是〕

證此玄冕朝服而筮者 冕殿本改為冠

若云天子用玄冕 云殿本作然

禮有色朱玄之色 上色字衍各本無

以涅染緅 〔按勘記云緅字似當作紺後爵弁服節疏引作紺〕

注主人至入與節

中亦爲長者也中各本作主以是

亦親類也浦氏鏜十三經注疏正字云親當作此

注有司至是也節

言在中門者中門二字注疏本倒

布席至西面節

則互挽見之挽各本作換以是校釋仍作挽字云挽葢委曲之義殆望文生義不宜從

一以授賓注云古文一爲壹案公食大夫一皆作壹壹作一

是大小注皆疊今古文校釋云疊字句言大小書注皆疊之以今古二字俱合故

互疊並從之也今案今古文三字疑上屬爲句言冠禮經從大書注疊出古文公食大夫經從小書注疊出今文然則上句引公食大夫注或當作今文一爲壹與今本文異而義同

若疊今古之文說說殿本改爲記

事相違故因疊出今文也違注疏本作爲今案疑當作連形近之譌

注闑門至爲饗節

謂執之不知以請筮何事按釋云之字衍執不知三字出公羊解詁

筮皆三占從二筮上注疏本有卜字按與記云無卜字是今案此以卜筮相提並論單疏無卜既耳

少牢大夫禮亦云三人占通解云少牢禮無此文詳校云云當作是

注筮人至筮也節

主人爲筮人而言殿本刪上人字

作坐文宜在西面下作閩本作則似是

筮人至在左節

今從門西東而而誤當從各本作面

上云所卦者謂於於當作木蓋傳寫者始作于形相近而誤今又改作於失之遠矣各本作謂木于于字下屬讀亦非

注即就至爻者節

筮人尊卦挍釋云卦上脫書字

注卒已至之卦節

反還與筮人使人知其占吉凶也此即下注云還與其屬共占之是也各本共作其非挍釋乃云當爲使筮人占其吉凶也尤非是

主人受眡反之節

不可止然須冠正字云當作不可不冠詳校引劉氏台拱說云然上當補自字挍釋云然當爲終未知孰是

更筮中旬云遠日云殿本改作之

非謂曲禮文按釋云文當爲云

注遠日旬之外節

加日爲期加下各本有冠字

前期至之儀節

此賓與主人同是官與爲同志是官二字疑倒

後辭上許上闕本作而下同

注戒警至許也節

筮月既戒諸官以齊戒矣　月誤當從各本作日

是前祭二日筮尸訖宿尸至前祭一日又宿尸　筮尸殿本作筮日按釋云當爲是前祭二日宿尸至前祭一日筮尸訖又宿尸

注宿進至朝服節

此經據主人自致時　時各本作辭是也

仍宿至拜送節

欲取爲厥明相近故也　爲詳校改作與

宿賓至如之注賓冠至明日節

有司是家之屬吏者正字云者當衍文挍釋云者上當脫有事二字

擯者至之家節

豫陳設冠與服器物之事也挍釋云與字以衍或者與當爲衣今案陳服于房中西墉下疏云論陳設衣服器物之等主人玄端爵韠下又云上文已陳衣冠器物皆大同而小異

夙興至洗東節

即今之博風博閩本作博殿本作摶挍勘記云衛氏湜禮記集說鄉飲酒義引此正作摶

夏屋今之門廡漢時門廡也金氏日追儀禮經注疏正譌云也字通解本在

漢時門廡上與櫨亏注合

此篇與昏禮鄉飲酒鄉射特牲皆直言水昏禮祇云設洗于阼階東南不言水案少牢疏亦云士昏禮直言水在洗東與此同一謬誤

注夙早至小畢節

儀禮疏攷正卷一

儀禮疏攷正卷二

故士之冠特校勘記云士之要義作也士將字閩本通解俱作時

陳服至北上節

七入爲緇詳校云當作三入爲纁

取冠倍之義也校釋云倍下似脫衣字

是況有不同之事校勘記云況要義作注

玄端亦服之類服上殿本正字俱增朝字

此經云韎韐殿本下補玉藻云緼韍五字正字補禮記云緼韍緼韍韎韐九字

鄭即因解名緼韍之字　字汲古閣本改爲事以是

是韍有與緼異　緼殿本正字作韠以是挍勘記乃云當云是韍又與緼韍異恐非疏意

二與日爲韠韠爲鎮霍　日正字據玉海改作四挍勘記云上六字要義曰當云二與四爲韠韠

又云天子三公大夫不朱韍　不殿本作皆

從經文古纁也　文古二字疑倒

注此與至作熏節

即此人之等是也　人當作文各本不誤

注此與至象焉節

不同一命不命 同殿本正字俱改問似是

以其士唯有一幅褘之帶 幅殿本改作緇

玄端至爵韠節

朝時不服 殿本不下補朝字正字服下補朝服二字 校勘記云不要義作所是也

必以莫爲夕者 校勘記云莫爲疑當作爲莫

政還以三等之士記之 政各本作故記正字云當配字誤

注此奠至爵章節

以經云頍 挍釋云頍下脫項字

明於首四隅爲綴 挍釋云首以當爲頍今案或當爲 其形相近而譌

之狀雖不督知之 挍勘記云要義作其督通解要義 俱作審案闕本督作可

故以冠之 殿本正字俱作以圄冠三字挍勘記云冠 要義作況今案作況是

人之長者 人下注疏本有髮字此疑漏

又案弁師韋弁與皮弁同科 案弁師云諸侯及孤卿 大夫之冕韋弁皮弁弁

經各以其等爲之則韋弁下疑奪弁經二字下疏 云二者亦有弁矣蓋謂韋弁與弁經耳

又爲弁者屬纓 挍釋云當爲又爲弁屬紘或當爲有 弁者屬紘

緇布至同篋注缺讀至曰篋節　案鄉射記疏云但前敷在地者皆言藉取相承之義在地者爲筵取鋪陳之義在上曰席取相承藉之義耳則此言下似當奪筵取鋪陳之義在上者皆言十一字文槀前字疑當為則

蒲筵二在南注筵席也節

士虞禮云側尊尊疑當為亨

案韓詩外傳云　外傳無此文毛詩春秋正義引異義俱作韓詩說

側尊至南上注側猶至作甒節

注爵弁至作襜　襜疏内作檐

以亢反爵之屬　亢下殿本補圭字

注爵弁至作襜節

爵弁同色爵　閩本作韠似是

不同爵韠　同各本作用

注兄弟至均也節

主人與兄弟不同　按釋云兄弟似當為擯者今案疏意蓋謂主人與兄弟不同故上主人特云玄端耳書訛非是

與下贊者玄端從之同言玄　言玄二字疑

擯者至東塾節

亦以錦爲紐紳之垂也　正字云之垂二字疑在上句大帶下紐紳當紐約之誤今
案紳上或當補約字餘以未敢改

將冠至南面注采衣至爲結節

正字云尊下脫客字今案特牲記注有
欲得尊嘉賓客字

賓如至之外注外門大門外節

據主人在西　殿本在下補東賓在三字

主人至荅拜注告者出請入告節

言此皆欲見入大門東向入廟者皆按要記云要義作是曲爲子揖　子讓各本作二

每曲揖注周左至又揖節

經直云入門揖　門疑當作三是知三揖據此西言也　西各本作而不誤

至于至三讓注入門至碑揖節

冠子爲賓客　爲上當從各本補非字

主人至東面注主人至相鄉節

此賓者之贊冠者 按釋云上者字衍

又主人從內賓從外來之便 按釋云又當為由

明與主人爲序也 人下各本有贊字

賓與贊冠者同 與疑當作之

主人至西面注主人至主人節

下文有賓揖將冠 冠下詳校補者字

將冠至南面注南面至賓命節

大冪　正字云大當文字誤案通解正作文

不言櫛盛於簞　不詳校云疑當作上

知贊者是其賓之贊冠者也者　正字云其衍字

　贊者至南端　注贊者至爲節節

堂下不趨校勘記云下要義作上下同

　賓右至者卒　注進容至纓也節

皮弁冠言設笄校釋云冠字衍

其於固冠之笄校釋云於字衍

賓揖至卒紘注如初至屬之節

皮弁如之而以以各本作已是也

賓降至之儀注降三至容出節

謂扱醴之面柄細校釋云面當爲柶

此與昏禮賓正字云禮下當疊出一禮字下同

贊者至面葉注洗盥至爲搗節

故不在門外校釋云不字衍

冠者至于母注薦東至闈門節

欲見禮子之體例　校釋云子字衍

皆使俠拜　詳校云使字衍

母拜至又拜注婦人至俠拜節

主人直東序西者　西下詳校補面字

欲迎其事聞字之言故也　校勘記云迎當作近今案近其事見上注

注初位至之位節

此文見母是正見　見注疏本作禮似是

冠者至者對注對應至未聞節

此當爲上於下之禮詳校云士與賓同等不得云上於下此句疑有誤今案此祇謂字當作司儀注上於下曰禮之禮字耳疏文似不容臆爲刪改

不得用醴禮即從醴字

云心惟幕簟席爲之者心當必之壞字注疏本正作必

是以雜記諸侯大夫喪皆用布校釋云皆上脫輤字

請醴至就次注此醴至爲之節

言贊者先拜冠者荅者也正譌云言上脫亦如之者四字通解有各本下者字作之

冠者至如之注見贊至賓出節

以其但正幅　校釋云但當爲俱

則玄端不朝　不各本作以

乃易至先生注易服至仕者節

禮備有酬酢者　禮字疑衍注疏本無

得正禮不旅　得疑當作是

質者謂若冠禮禮子之類是也　殿本考證吳氏紱云下當補故設尊在房中文者此禮賓是也十三字文義方完備今案所謂文者或當謂醮子下云醮用酒尊于房戶之間

是也

乃醴至之禮注壹獻至用清節

則又異於大夫也下 殿本刪下字校釋云也當爲以

彼九獻之閒皆云幣 云注疏本通解俱作有

當與射禮庭實之皮同 校釋云射當爲聘

若然兩說諸侯自相見 說閩本作國

主人至儷皮注飲賓至爲雜節

謂賓此贊冠者 按勘記云賓宜作尊

取尊爲義也尊下殿本補賢字

贊者至爲介注贊者至爲介節

儀禮疏攷正卷二

儀禮疏攷正卷三

以周法用醮　校釋云周當爲殷醮當爲酒似是

若不至用酒注若不至爲禮節

醴之尊在房　正譌云通解本下有故洗亦在房五字

洗有至南順注洗庭至上也節

其經不言冠者醮之處　者疑當作與

始加至升酌注始加至東房節

故言如初以結之也　初疑當作醴禮二字

亦不言出薦之時節殿本刪出字

冠者至如初注贊者至薦之節

出房立待賔容命容各本作客殿本刪去

冠者至筵西注冠者至之筵節

若今梁州烏翅矣案周禮作涼州

加爵至于毋注乾肉至嘗之節

通事之者事各本作言

不從今文詳校云今古文皆不從則當用其字

若殺至扃鼏注特豚至爲密節

爲辭再醮之脯醢　辭各本作辟似是

今殷亦然　殷閩本改爲殺是也

一醮徹薦辭　辭當爵字誤各本不誤

一醮亦云嘉薦　校釋云一當爲二

三醮至嚌肺注攝酒至脯醢節

惟一醮三醴　殿本作一醴三醮是也

若孤至戒宿注父兄諸父諸兄節

二鼎豚魚腊鼎正字云家誤豚今案此蓋據特牲鼎而言二殿本作三校釋仍之未碻

𩠹于上父在陳鼎不於門外也正字云𩠹當異字誤殿本改于爲知校釋云𩠹上脫不字父上當脫拔知二字

注孤子至門外節

皆爲三代而爲言殿本三代改作適子則下爲字詳校云三三代下脫適子二字

若庶至醮焉節

案鄉飲酒賓東則東則尊東校勘記云上則字要義作賓今案此蓋謂彼諸公大夫席于賓東既云賓東則當席尊東矣賓東上疑有奪

注房外至不尊節

注今吉至首也　今各本作令此誤

注令吉至首也節

欲見非且善事兄弟　正字云兄弟上脫父母二字下同

案上文前後例周與夏殷冠子法　校釋云例疑當為列連下讀

至於周醮之辭　正字云周疑用字誤

既不出冠於阼　出注疏本作加

凡殤不祭之類也　不下殿本依彼注補備字

注善父至不祝節

注云滑茜之文　文各本作也校釋云當爲又屬下讀

注滑清也伊惟也節

楚茨詩亦云　案楚茨誤當作賓之初筵

注旨美至之貌節

故言甫爲且字　甫上殿本補某字

宜之至所當節

又甫字或作父者　校勘記云又　要義作云

注于猶至作父節

與冕服之嫌　與殿本作有

今次爵弁纁屨　校釋云次當爲此

擧爲者　殿本作與爲同者似是

爵弁至博寸　注爵弁至纁次節

未知定誰所錄　定疑是字誤

者記時不同故有　二記　正字云者上有脫文校釋云當補云此既有冠義而禮記

中又有冠義者

其記則在秦漢之際 校釋云記上脫禮字

記冠義節

經士冠不得繇也 經字各本無案校勘記云單疏本空一字其經字乃在下冠記則敚下與此正差一行容訂

始冠至可也注大古至是也節

姓名者至無之姓 各本作注此誤

冠而至名也注名者至無之節

見士之三加之冠者爵弁者 正字云上者字疑有字誤

亦加上未聞也如誤加各本正作如字

注弁名至未聞節

周大夫有冠禮校釋云大上脫末字

大夫冠而不爲殤攷也大當爲文譌詳上

注據時至是也節

未五十服行士禮也服上閩本增服士二字

又云僕恒朝服案此坊記注文又云二字疑

公侯至造也注造作至君也節

儀禮疏卷第三　儀　漢義

儀禮疏攷正卷三

儀禮疏攷正卷四

是漏刻也名 也各本作之字此誤

故三光靈曜亦日入三刻爲昏不盡爲明 正字云案司寤疏光下有考字盡下有三刻二字

士昏禮第二鄭目錄節

男父先遣媒氏女氏之家 女上殿本增至字

若春秋納納之義 納納各本作納內今案賈氏疏用穀梁納者内弗受之義今本必有訛奪矣考

故關其納吉以非之也　關各本作闕是

昏礼至用鴈節

是以非礼用須　各本非作昏須作焉似是

注達通至廉恥節

云户西者　者下正字補尊處者三字

注主人至首尾節

於中士下差次爲之　各本下下有士字是也

使者玄端至注使者至緇裳節

寢門大門而矣　矣各本作已

是以射禮擯迎入門　射詳校改作聘是也

注門外至盛禮節

此下至送于門再拜　門下各本有外字與下疏合

不取用醴爲醴之義也　爲醴二字疑當作禮賓

擯者至醴賓注此醴至厚之節

云拂者外拂之也　詳校拂上補推字似是殿本考證吴氏紱云今有司徹注無此文當是彼注脫今案有司徹注至示新止此乃賈氏釋彼注語

宰內拂几三 宰下注疏本有夫字與下疏並聘禮合

授皆然 注疏本授下有設字

尊王使也 使閩本改爲故

主人至荅拜節

皆於筵西受禮 禮詳校作醴

主人至拜送注主人至食起節

此云奠于薦東升席奠之 正字云薦左誤薦東升席奠之四字當爲衍文

君祭酬酒 君殿本改作賓

賓即至人辭節

而去如納采者去誤當從各本作云

納吉至采禮節

凡卜並皆於禰廟 並注疏本作筮

注歸卜至是定節

故指幣體而言 體各本作禮按勘記云作體非今案此蓋謂納幣以體言之納徵以義言之單疏未譌

納徵至吉禮節

納幣帛緇　帛注疏本作用與下疏及彼鄭注合

注徵成至作重節

納吉禮如納采禮　注疏本納吉上有納徵如三字如上有納吉二字

請期至徵禮節

乃下卜婚月　注疏本無下字月作日是也

注主人至告之節

於大斂大奠及朔月奠既夕陳鼎　下大字注疏本無此疑涉上大字衍

皆如大斂奠　詳校云大當屬小似是

亦是喪禮既夕變也　殿本改作是喪禮至既夕不變也詳校引劉氏云既夕二字涉上文衍校釋云既字衍夕當爲少

期初至扃冪節

命士以上之　詳校云之字衍

賛爾黍稷　正字云稷衍字

生人唯有舉肺皆祭　皆祭正字改作無祭肺

重數於月　重注疏本作取與彼注合

注期取至作密節

下爵弁亦冕之類　下字各本作以似是

一爲攝盛　一殿本正字改作以今案或當爲亦

復攝盛取助祭之服　復殿本作須校釋云當爲故

則天子諸侯爲尊則衮矣　衮殿本改作尊考證吳氏紱云諸侯惟上公得服衮侯伯以下不得也賈氏當有尊則尊矣之語此當從之

大夫已下有貳車　校釋云下當爲上

注主人至炤道節

休以爲禮無反焉　休上詳校補何字

故義乖行四至也孔氏廣森輯箴左氏膏肓云故字疑誤否則文錯或當在上經晝句

上

士昏皆異皆殿本作則詳校曰劉氏云此以上何氏膏肓之文下脫去鄭氏所駁當據左氏正義補云鄭箴之曰冠義云無大夫冠禮而有其昏禮者天子諸侯大夫皆異

高固秋月逆叔姬月上正字補九字案左傳正義引箴膏肓有

則婦人三月祭行人詳校改作入案左傳正義作入

以朝見于君成之也成殿本改為盛校勘記云要義作盛

婦車至有裧注亦如至有葢節

儀禮疏攷正卷四

儀禮疏攷正卷五

子男夫人自闕而下　注疏本闕下有翟字

女次至南面注次首至非常節

亂家不娶　家下各本有女字案有女字與公羊注合

注媢婦至婦禮節

引之證姪之義也　各本姪上有娣字

則大夫已下刺之　下正字從通解改作上

服則無之　闕本服上擠加上字

此今婦人事華飾　此今二字殿本倒

注女從至常服節

父迎出大門之事也　父迎迎正字改爲婦從

主人至降送節

今婦既送　送閩本作從是也

注賓升至不參節

直云制如明衣　直上殿本增不字考證周氏學健云此釋注蓋字之義若無不字則是決辭矣正字正譌俱同按勘記乃云此句當連下此嫁時尚飾不用布讀之明衣必用布景則但御如

明衣耳不用布也增不字非是

婦乘至者代注乘以至作憬節

左人以左人執俎　下人字譌各本作手

以從男之事碼從男二字疑有譌校釋云當爲男女未

贊者至從設注執匕至載也節

於此初陳鼎門外時　正字倒於此二字

匕者至西上注執匕至賤也節

其南有菹有醢　有菹二字似衍

醢食乃將入　醢殿本作臨挍勘記云要義亦作臨

菹醢至于北節

玉藻云食坐盡前　玉藻無此文當作曲禮

彼九飯禮成　正字云成當爲盛

此先嚌黍稷後授肺　正字云稷衍字肺下脫脊字

云用者謂啜湇肺啐醬者　挍勘記云肺衍字

注嚌移至作稷節

亦頤養樂之義　各本頤下有衍字

注酳漱至內尊節

主人說服于房矣　正譌云矣衍字

主人出婦復位注復尊西南面之位節

與沃盥文同　文閩本改作交校勘記仍以文為是誤

主人至授巾節

前者示有陰陽交會有漸　正字云上有字衍校釋云下有字當為之

趾為是　是各本作足是也

御衽至北止注衽卧至作趾節

鄭據此諸侯文而言校釋云侯字衍

婦事舅姑子事父母校釋云子當爲如

並有安髮之笄也有殿本改作是

主人至之纓注入者至未聞節

則不隨母嫁殿本删五字校釋云此上脱十五以上四字

注夙早至異宮節

若行之閒而立行下各本有禮字

側尊至席西注疑正立自定之貌節

若戚壯載一胖是常得云側正字云常下疑脫法不二字

亦在北牖下牖殿本正字改作墉

注側載至作併節

以其此始言婦餕之■空格各本有意字

婦嫌淬汙者校釋云婦字衍

注婦餕至淬汙節

稱媵以其姪娣俱是媵也此謂其姪而稱媵者以其姪娣俱是媵也校釋以稱

媵二字屬上句讀非是

婦徹至之錯注古者至爲姑節

以云記云庶婦使人醮之上云字各本作下

舅姑至奠酬注以酒至擧爵節

故左氏傳云　正字云故當作季正譌云當攷字譌

舅饗至束錦注送者至爲帛節

皆就館召[redacted]　空格各本有之字

姑饗至束錦注婦人至速之節

儀禮疏攷正卷五

儀禮疏攷正卷六

天子在無所稽首天子在殿本改爲非天子詳校云此引哀十七年傳而舊作天子在乃涉襄三年傳而誤

振拜詳校云拜當爲動

當稽首也當下殿本補附字

凶拜爲先稽顙後吉拜之詳校云之衍字

注扱地至稽首節

不言吉是舅尊於姑吉誤當從各本作告

注降堂至於姑節

或繼祖或繼禰　正字云祖禰二字當互易

祖廟至宗室注祖廟至之家節

謂贊醴婦之時　詳校引劉氏云贊字衍婦當爲賓今案劉說是

始祭醴云初故始扱壹祭後祭醴又扱爲再祭也　此當有譌玩賈氏意益如通解改云禮成于三故祭醴之時始扱壹祭及又扱則分爲西祭是爲三也矣陳本作始扱一祭及又扱則分爲西祭故云又扱再祭是爲三也汲古閣本又於首如始祭禮之初故云七字皆略依通解殿本仍毛氏而改禮爲醴詳校引劉氏云禮不誤校釋亦云當作始祭禮之

初未詳孰是

祭醴至反命節

賓聘禮執皮者皆左首左正字改作右殿本云聘禮皮如入右首而東此疏云左首蓋賈氏誤記耳

故隨入得竝也校釋云得上脫不字案注疏本作不得竝行也

注攝猶至位併節

受之則文見受閩本作釋似是

賓致至東壁節

故云責新也校釋云云下似脫又字

注屬注至尊中節

今據醴婦時同有席與薦饌于房中者而言也醴上疑脫與字

婦席薦饌于房　注醴婦至薦也節

云北堂房半以北者房下正字依注補中字校勘記云要義有

注洗在至隅閒節

既其妻於壻某申正字云申當作甲

此擯者稱有惠貺室　此下詳校補告字

昏辭至某也　注昏辭至壻名節

明此是中間擯者出請賓告者辭　殿本下者字改爲之詳校删告者辭

三字校釋作擯者出納賓告之辭

下經致語入告主人　殿本删下經致語四字詳校祇删上三字語字屬上讀校釋云

致語當爲出請

對曰至敢辭　注對曰至能字節

問名　下疑脫至誰氏釋曰五字

問名至誰氏節

是[redacted]有命來擇空格各本有已字

對曰至敢辭節

故云我兼在名吉中也校釋云名行字今案注疏本作占字似優

對曰至敢辭注與猶兼也節

以禮筵於戶西右几布神位以上監本增當字

父醮子節

詩云大姒嗣徽音者大雅文王詩案此思齊詩

勗帥至有常注勗勉至微音節

是壻自稱之 之閩本作父是也

賓至至承命注賓壻至來迎節

使無違姑命戒 案疏下文云母云戒則此命字疑當作戒但其云父云命母云戒者未詳所據耳

父送至違命節

繼別宗 宗上各本有爲字此當漏

皆名使者也 名各本作命是

拔稱使　校釋云稱上脫不字

若然，直命使子之父兄師友使命使者　校釋云上使字衍

如向說擧納幣　審疏意似謂傳唯擧納幣爲說實則其餘亦當親命之耳詳校云向當作何未碻

注云傳家事在子孫　在正字作任案彼注正作任

宗子至命之注宗子至命之節

及壻往見婦父母事也　校釋云及壻當爲壻乃

若不至請覿節

造置於緇色德中之德注疏本作器按勘記云要義作

注主人至曰辱節

見弟不踰閾見下注疏本有兄字此恐奪

見主至其内注主婦至左扉節

儀禮疏攷正卷六

儀禮疏攷正卷七

故以士相見爲首 首當從各本作目

此屬直新升爲士大夫之等 屬殿本作篇

士相見禮第三鄭目錄節

案下文及還摰者 校釋删及字

士相見至某見節

辭而不受 校釋云而當爲則若言辭則不受矣今須相見故言請而已

主人至走見節

今此三者　首疑當作番

文句既異　校釋云文上有脫文擬補云西番主人辭又皆云請吾子之就家也文句既異異當爲闕今案曹說未安既字或當爲雖謂一番二番文句雖異其須云某則一也

注不得至走見節

禮記皆有禮賓饗賓之事　正字刪禮記二字校釋云記當爲說今案曹說似複

若諸文有留賓者　校釋云若下脫然字

臣始事見于君法　殿本正字事皆作仕

主人請見至再拜節

故聘禮與冠義皆云每一門止一相校釋云當爲故周禮司儀云每一門止一相今案冠禮疏亦引司儀

注復見至相者節

彼初是公迎彼初之命下初注疏本作君是故云雖同日亦出迎殿本正字俱刪云字

注異日至則否節

以伯舅耋老正字云上當脫且有後命四字

士見於大夫至再拜注終辭至尊賓節

有新升爲賓及聘朝　聘朝二字殿本倒

上大夫至執之注上大至爲賑節

此庶人見君不趨翔謂是常法　校釋云翔下有脫文當云此庶人見君不趨翔者此見君法彼是常法謂當爲彼常法謂在官府之常法也

論語是孔子行事　至與庶人同　校釋又云同上脫不字疏意謂論語是孔子行事而有趨翔者論語說孔子爲大夫與君圖事之法與庶人不同明上大夫見君當趨翔也今案曹說未確玩上下疏意或當謂趨翔本是庶人法而孔子亦趨進者雖身爲大夫特加肅敬與庶人同耳

注容謂趨翔節

釋曰案上當補若他至首受五字

賓如此法　如殿本作知

今得以摯執見他邦君者　摯執二字殿本正字倒

若他至首受節

釋曰案上當補凡燕至疑君注辭猶至度之十一字

故知此經是特見皆圖事并與賓反見之燕義也正字

删皆字與字

論語鄉黨云孔子與君圖事于庭圖事於堂　正字云今鄉黨

無文詳校亦云此二語未知所出

燕禮亦云君與卿圖事之時　燕禮無文當聘禮誤

凡燕至疑君　注辯猶至度之節

上文據君所在　上注疏本作此今案據上有脫文

注升見至西階節

孝弟貳父兄之名　貳注疏本作事似是

與君至忠信節

者拜事君以服各本拜作臣服作忠是也又殿本者上補言事君三字忠下補也者二字今案者當為至字之誤疏未必全引注文耳

注博陳至以下節

即面相視祫不視祫正字云當即上視不上于祫之誤殿本作即不視祫不視祫校

又釋云袍謂祫下帶上也視袍者面向祫而其所視又下於祫是將爲敬君之禮未詳孰是

說文云毋蓋亦禁辭正字云案說文云毋止之也詳校據補上之也三字

凡與至若是注始視至為終節

博文強識而讓文注疏本作聞是

一之日其蚤獻羔祭韭　誤作四之日

凡侍至可也注君子至作蚤節

則此注禮食亦不得祭故一也　校釋云不衍字涉下誤

若君至後食注君祭至嘗膳節

不祭侍食不敢備禮也　侍當從注疏本作侍

若有至後食注將食至乃食節

欲見言敬客先拜也　言注疏本作主校釋云言字以衍案校勘記乃云作言爲是未審何據

若先至見之注先生至拜賓節

則曰寡大夫君之老 君上脫寡字注疏本俱有

非以至之老注謂擯至之老節

儀禮疏攷正卷七

儀禮疏攷正卷八

鍾磬者編縣編下正字補之字案下記疏鄉射疏引俱有與小胥注合

又經有堂則物當楣序則物當棟此亦是鄉射記文以不當特云經有

以別上句或可本有彼經堂則由楹外數語今奪

鄉飲酒禮第四鄭目錄節

先就庠學者若先生為中詳校云若當為者校釋云者當

鄉飲至賓介節

唯主人觀而獻賓觀詳校作盥

注主人至齒也節

意不言衆賓意各本作竟按此記云意字屬上句亦言賓介意者謂拜辱禮辭也今案阮說

以泥仍作竟爲是

介亦如之注如戒賓也節

以禁與斯禁無足以票禁與二字殿本刪今案比式當謂士之禁至祭去足與大

夫斯禁皆無足耳二字似未必去

尊西至西壺注斯禁至陳也節

云主荅拜還賓拜辱主下脫人字注疏本有

主人至拜辱節

必非一相迎賓者非詳校改為立今案此蓋謂非啻一相出迎而主人自迎矣與下薦脯醢疏云知非主人自薦者文理正同盧說不可從

主人至荅拜注相主至命者節

有全烝其豚解為二十一體殿本考證吴氏紱云豚解只七體士喪禮特豚四鬄兩胉脊者是也其體解則二十一體特牲記及少牢經文詳之此疏未析豈賈氏偶弗檢與詳校遂改疏文作有全烝有體解其體解為二十一體校釋文云當作有全烝其豚謂之豚解有解為二十一體謂之體解今案或當作有全烝有豚解體解其豚解為七體其體解為二十一體二十二

字今失其十一字

乃設折俎注牲體至在俎節

亦正譌改作不校釋云亦下脫不字

先後亦同也

降席至荅拜注降席至美也節

謂通解作不疑是注疏本謂下有不

故謂在席盡爵字

賓西至荅拜注卒盡至飲起節

儀禮疏攷正卷八

儀禮疏攷正卷九

賓方奠爵于篚下　下字閩本無與鄉射合

主人至賓禮　注祭者至嚌啐節

但彼云東西廂　案今本爾雅作東西牆與賈氏所據異

主人坐奠爵于序端　注東西至充實節

主人爲已洗爵　主人上殿本依通解補賓辭二字今案二字當有下介酢主人節疏亦云介辭主人從已降主人辭介爲已洗文義與此正同是其證

坐祭至拜洗　注不拜洗殺於獻節

不解所拜之事　拜各本作辭

然此辭是主人復親酌已是　下殿本增辭字

賓辭至復位注酬酒至交也節

此決上獻酬辭賓時　殿本删辭字獻下補賓字

注不言疑者省文節

於賓席前北面向之也　北上似脱西字

主人至少退注主人至北面節

揖讓降　校釋云讓字衍降不讓

主人至賓南節

主人一拜養者　一各本作三與少牢合

此三拜賓　校釋云賓上脫衆字

主人至壹拜注三拜至賤也節

注長者至多矣　按曹記云注云長其老者則長者當作長其或注中其字乃者字之誤

主人至三人注長者至多矣節

故上衆賓之長也　上閩本作此正字改作升此二字殿本移衆賓之長也五字於下此

三賓下　校釋乃謂上下脫云字今案曹說較優

坐祭至復位　注既卒至禮簡節

還發三人而言　發各本作從此以譌

則此三是三人上三字注疏本通解皆無

每一至其席　注謂三人也節

故以主人爵降　毆本作故主人以爵降近之

主人至于篚節

而奠之今不親授　挍釋云當爲今不親授而奠之

以主人奠之　挍釋云主當爲一或人下脫之吏二字

進坐至以興注擧觶至謙也節

不與燕同不各本作正是

此臣禮避初也初各本作君似是下同

設席至東上注爲工至階東節

其中兼有鄉大夫以三物論衆庶校釋云三當爲五

明二人鼓瑟可知也正字瑟下補則二人歌四字

案周禮瞽三百人殿本考證周氏學健云當連引眡瞭三百人句文義乃全

矇瞍奏工是也校釋云今詩工作公今案楚辭章句引詩亦作工

以左於外側檐之左下注疏本通解俱有手字

工四至手相注四人至之者節

然後羣臣嘉賓得盡其心之事　羣詩序作忠

工歌至者華注三者至光明節

無笙閒唯有合樂　校釋云無下脫升歌二字

而略笙閒合者　校釋云笙字衍管即笙未嘗略之

卒歌至送爵注一人至之洗節

知使人相祭者　校釋云祭當爲者者疏蓋讀注使人二字爲句相者二字爲句謂經所謂使

人即使前相者也故疊釋之曰知使人相者者

薦脯醢使人相祭注使人至祭薦節

此升歌訖得獻乃始入也得獻閩本作笙字校釋云笙字當補在得獻之下三

字並存

在磬者之南北面也殿本在下補擊字

笙入至羣奏節

此篇之失也正字疑有脱字校釋云此上似脱亥字

欲明孔子以前言亡三篇之意也言各本作已

注笙吹至信也節

拜送在西階東校釋云當爲在阼階上

主人至人爵注一人至於下節

二人者不備禮故二闕本作三案此當故字句正字按勘記皆以故字屬下讀似失之

是甚類也類殿本正字皆改作似字

衆笙至不祭注亦受至爲徧節

云合樂謂歌樂衆聲俱作者今本注樂下有與字案通典引此注下有與無樂燕禮疏兩引同可知賈氏所見注本無樂字明矣此亦當作歌與衆聲俱作淺人據另本注改與爲

樂耳詳校於樂下補與字未安

謂十五國風之篇首（正字謂上補此不言首篇者六字今案補校良是要之不如於首下補此不言首四字乃合文理）

過百里之地（過上殿本正字皆增不字）

若然小雅云（小雅殿本改作鄭字正字作小雅譜三字校釋云當為此注二字今案此當引譜文彼云饗賓或上取燕或下就與此大致相合）

鄉或進取（鄉注疏本通解皆作饗）

過取卑者一節（過殿本作通正字作退）

國語及襄公四年公言饗下公字公字詳校作文校釋刪

前與升歌同前與二字正字倒

　乃合至采蘋注合樂至未聞節

今相見云在賔拜下者是也今相見云殿本作今相拜文

　司正至復席注再拜至就席節

儀禮疏攷正卷九

儀禮疏攷正卷十

欲見堂上賓主人之黨無不與 校釋云上當爲下今案此蓋謂鄭君欲見堂上旅酬賓主人之黨無不與故連引無筭爵而云然曹說未是

故鄭君連引無筭爵旅酬而言終沃洗也 注疏本旅上有與字校釋云旅當爲之今案貫意或當無筭爵爲句謂雖旅酬而言終沃洗也

注初起至遺矣節

其酬酌介賓觶 介閩本作并殿本作皆

注其酌至如之節

一 青照堂

北面命賓 校釋云命下脫衆字

司正至東面注辟受至北面節

介於席南東面荅 校釋云南當為北下節介在席南同介案曲禮正義云席南鄉北鄉以西方為上東鄉西鄉以南方為上據平常布席如此若禮席則不然鄉飲酒禮注云賓席牖前南面主人席阼階上西面介席西階上東面與此不同是也賈意益與彼同故上賓升席自西方疏云賓統於主人以東方為上下記疏亦云席坐在陰以東為上統於主人也然則介席亦不得以北為下曹說似泥

使二至荅拜注二人至盥洗節

是以家語云定公假馬於季氏孔子曰君於臣有取

無假今本家語無文案新序雜事云孔子侍坐於季孫季孫之宰通曰君使人假馬其與之乎孔子曰吾聞君取於臣謂之取不曰假季孫悟告宰曰自今以來君有取謂之取無曰假故孔子正假馬之名而君臣之義定矣是其事也

注賔言至異文節

坐以禮謂之殺以正字改作行

云二人致爵此謂燕禮小臣作下大夫二人媵爵校釋云人當為次非是

注至此至賓者節

司正至席端　即升立于席端校勘記云經席字唐石經楊氏敖氏俱作序徐本集釋通解俱作席石經考文提要曰鄉射禮亦云升立于序端此二處作席皆誤也然單疏本已如此是則誤久矣非始于通解

司正至席端節

賓降階至南面　校勘記云階字疑衍或是席字之誤

賓降至南面節

禮記又云薦羞不踰牲薦據王制當作庶羞禮疏引亦作庶

注羞進至賢也節

至不加席　正字云不下脫去字

賓若至乃入節

容妝下三監　殿本下改作有

注不干至謂之公節

彼是天子貢人鄉飲酒法　彼注疏本作此校釋云案義當作此天子益大夫之誤

席于至再重注席此至大夫節

前無大夫入　殿本作前無諸公入非是疏意謂經雖云公如大夫入而從未見大夫入也

以經公如大夫　正字下補入字

公如至去之節

以其鄉大夫賢者　閩本賢上擠入貢字殿本增賓字　正字作賓賢者能者

又上注云　上下殿本補大夫蒲筵加萑席其純皆如　下大夫純十五字似是正字上改作下於

文理未順

與公侯同者　校釋云侯字衍

注加席至再重節

注鄉人至宿戒　人當作鄉

注鄉人至宿戒節

欲見此脯與曲禮脯羞正字云羞當作脩

注挺猶至右末節

或有介俎肶胳不言者不敖氏繼公儀禮集說引作而以是

賓俎至進腠注凡牲至作胳節

故上經衆賓之長一人受爵校釋云一當為三受上脫拜字

以爵拜者不徒作注作起至主人節

猶升取爵于西楹下猶注疏本作揖校釋云當為又

獻工至下管注明其至三爵節

爲拜送送爵而言也　注疏本無一送字是也

其笙至階上注謂主至無上節

鍾磬者縮縣之作縮　正字云縮當爲編今案篇首疏引正

今諸侯卿大夫　正字云卿當爲鄉亦與篇首合

磬階至鼓之注縮從至爲蹙節

案上二人舉觶　通解作案一人二人舉觶

凡旅不洗注敬禮殺也節

故記之上之必授從者注疏本上作受校釋作出今案記之上之或當記人言之四字之譌

徹俎至從者節

統於尊也校勘記云尊閩本通解俱作賓

若有至西面注其西至於公節

儀禮疏攷正卷十

儀禮䟽攷正卷十一

皆有一門　正字云皆疑偕字誤今案此謂州序與鄉庠皆有一門耳浦説非

彼爲賓也　正字云也當乙字誤

如令從太守相臨之禮是也　令當從各本作今

故云乎以疑之　乎各本作與與上文合

注主人至庶乎節

制不言者　制　正字云衍文校釋云當作此

尊於至東肆　注斯禁至陳也節

半之者謂諸侯之卿大夫士也卿正字作鄉今案此小胥職注文於鄉飲酒題疏亦引各本皆作卿與彼注合而詳校於鄉飲酒云浦改鄉非是查浦氏正字卿字林音攷此於此則從鄉為長无支離甚矣

注此縣至無鍾節

似云中人定拒圜九寸也定正字改作之殿本作足詳校乃改為之足二字今案此喪服注文當依彼作之

乃張至地武注侯謂至最為節

衆賓即不為卑不論有爵無也各本即下無不字無下有爵字

揖衆賓注差卑禮宜異節

燕禮君升二等者燕禮無文正字云當公食公升二等者之誤

主人至賓升注三讓至難也節

公食亦云當楣北鄉再拜詳校再上補至字

注主人拜賓至北堂節

對主人自内出南面是也閩本通解無是字殿本無是也二字

注賓北至外來節

即上東序之西南面位詳校倒西南二字

注反位至洗進節

此射前獻時親酌己射字殿本正字改爲辭校釋云當爲對

注賓辭至酌己節

亦從鄭注可知鄭殿本正字改爲彼

主人阼階上拜送注酬酒不舉節

以其此禮中容卿大夫法卿殿本正字皆作鄉校勘記亦云要義作鄉今案卿字似未可輒改

主人至壹拜注三拜至能進節

其衆亦三人在堂上校釋云衆下脫賓字今案亦或當賓字之譌

其堂上衆賓無定數上當從注疏本作下鄉飲酒疏可證

主人至三人注長其至有乎節

不席也不下當從各本補云字

衆賓辯有脯醢注薦於其位節

言若者或無不定正字或下補有字今案似當補有或二字下主人揖就席若無大夫

節疏云或有或無不定是其證

以其鄉射既與人行射禮正字人上補鄉字

三

知鄉大夫士非鄉人禮亦然者上鄉下同字殿本改作卿

大夫至門左注謂此至為儐節

則在尊西　在上殿本補儐字

明為儐夾尊可知　為殿本正字俱作與

是以下云大夫降席東南面　正字疊席字

主人至尊東注尊東至尊也節

又不以己尊加賢者也　校釋刪又字今案疏意蓋謂儐既選賢者為之故大夫又不以己尊加賢者也又字似不宜去

升不至加席注辭之至重席節

主人酬于長賓酬下當從各本補酢字

大夫降洗注將酢至乃酢節

以其下文大夫洗爵升受主人爵受各本作授與下經合

主人至人盥注盥者至不敢褻節

若在北北此誤注疏本作若在其北

故云不奪主人之正禮主字衍注疏本無

大夫至賓南注雖尊至正禮節

大射亦同此注燕禮注亦然者正字云案大射燕禮經文同而皆無此注

席工至其西注言少至射位節

以其空相亦與瑟者同校釋云亦當爲不今案此蓋謂相歌者雖空手無事至於相則亦與相瑟者同曹說非

工四至乃降節

內越孔雖長當校釋云內當爲前又云瑟首寬尾狹弦前越處更有結故相者手入之淺惟恐妨結也故於下近尾不鼓處并而狹下又補處無結寬處別有結故九字今案此謂瑟下爲內不應輒用注文改且注云前越言執者蓋謂越是瑟下孔則不合云執而上言執者因其內弦側擔近

首鼓處持之其弦稍寬手入則淺故謂之執對後首近尾不鼓處持之為其弦并而狹手入則深故謂之挎而言之非謂越內有弦結也

近鼓持之入則近手入則深殿本改作近鼓持之手入則淺近尾持之手入則深文義似完

注瑟先至西方節

此二南鄉大夫樂鄉字殿本作卿今案燕禮疏云二南是大夫士樂大夫士或作鄉大夫或作州長故名鄉大夫樂鄉射疏亦云二南是鄉大夫之正則仍作鄉為是

注不歌至歌之節

升歌也升歌鹿鳴或校釋云升歌也三字衍今案三字當鄉飲酒之譌

工不至歌備注不與至略也節

自此至及升席各本及作反席上有就字與下經合

主人至之洗注尊之至大師節

直與賓共文直詳校改為宜

鄉飲酒亦云賓入獻下當脫降字注疏本作賓降二字未是

賓降主人辭降注大夫不降尊也節

注云一人笙之長者也正字改為一人工之長也六字按勘記云此涉一人拜盡

階不升堂受爵注文而誤

工不至受爵節

而著笙不洗者此述注語各本著作衆胡氏肇昕云賈疏述注後又云況衆笙乎又云不取衆笙不為洗也而出衆笙字正解注之衆笙不洗也當以作衆字為正今案此疏釋注正謂此笙是君賜之笙人不是衆笙故經直云笙不洗者欲取賜笙人不為之洗之意不取衆笙不為洗也胡說似泥

不洗至階上注不洗至洗也節

故一人升階受爵餘者不升校釋云升階當為拜升不升當為不拜今案賈

意葢謂笙與衆笙之不同在升階與不升故下云不拜既爵則同也曹校以非

笙一至于篚節

謂賓及衆賓與尊者　正字云尊當遵字誤

但中閒為射繫俱無　正字云繫字衍校勘記云陳閩通解

作相至答拜注爵備至之丈節

案射禮云擯者退中庭射詳校改為聘

與少至觶南注立觶至擯位節

行旅酬而已注疏本上有後字今案此謂鄉飲酒只行旅酬而已對鄉射先射後乃旅酬而

言後字似不當增校釋乃以注疏本爲長誤

故再拜說拜殿本作獻考證吳氏紱云上經獻賓獻衆賓是再獻也校釋云當作旅今案此蓋謂再舉旅曹說近之

未旅注旅序至終也節

以遂弦者也者校釋云注以上有所字

注云側持弓矢曰執案下注弓作弦

司射至請射注司射至作接節

上下經文黨皆不與也此似不誤正字改爲堂下賓主之黨皆不與也殿本爲故

賓黨主黨皆不與也校釋於黨上補主字均未是

司射至射器注弟子至西面節

隨其弓在堂下殿本刪隨字並涉下句誤增耳正字詳校全用通解改更非

乃納至其上注上堂至北括節

矢在北括殿本在下補弓下二字

此主人弓矢如上也上即上之壞字

主人至序東注亦倚至北括節

因曰遂正字云因下當補事字

司射至子射注比選至於子節

兼士有鄉大夫三年貢士之後　殿本刪士字

以其天子鄉卿大夫爲之　卿字當從各本移大夫下

一酬說始行之　一正字作亦今案或當至字之譌

司正爲司馬注兼官至無事節

儀禮疏攷正卷十一

儀禮疏攷正卷十二

故鄭注解上有司請射至故解爲司馬、校釋云以上有司爲司馬

乃上疏說注無其文疑故鄭注解四字

三耦至授弓注有司至侯事節

去未違侯處去注疏本作乃校釋云當爲云云上當補故字

三耦至一个注未違至帶右節

司射至一箇箇上作个

明司射卻時右還西南東面也校釋云右以當爲左下司射還當上耦與

此還位同注云還還左還也可證今案彼云左還者以其還欲西面與上輯相當故耳與此仍東面者不同未可據彼而改此

司射至一个注爲當至時還節

須過西楹西汲古閣本作西案此謂東西之節故云須過西楹而東向西楹間物對下過由楹北謂南北之節言故曷記以西爲非殊謬

殷人左學右學據王制左右當互易

若然則虞氏上庠則詳校改作立

東膠二代名膠下殿本補兼字

云讀如成周宣榭災之榭者校勘記云此疏榭字凡十有三單疏本從言者
三從木者十當緊从言
揖進至面揖注鉤楹至非也節
乃云由堂下西階適東北面適殿本正字皆作之
司射至反位注射獲至從旁節
后孝經也孝經各本作者後是也
乃射至乘矢注古文至從后節
謂射諸禽獸爲獲諸各本作著

獲者坐而獲注射者至獲也節

故周禮司士天揖時揖土揖　士各本作儀是也

注揖推之也節

云司射之南退釋弓者　校釋云云下脫司馬由三字

司馬至乘之注撫拊至乃袒節

禮十月行正齒位之禮　上禮字校釋刪

遂告至於子注大夫至鄉里節

下將欲爲下番射　上下字殿本作者屬上讀恐非

遂命至反位注反位至遂來節

以其取矢即說有射即說二字汲古閣本倒

三耦至西南注必袒至射事節

下耦在南稍進校釋云耦當為射

司射至楅揖注當楅至東西節

謂此第一番初時未有拾取矢禮初時陳本閩本作射時正字作初射

今案初時二字或當用下注語

衆賓至為上注未猶至禮也節

三耦發射者　三耦殿本改作司射

司射至于賓注猶有至必也節

下云大夫袒決遂就其耦　正字云袒決遂當作由堂西出於司射之西九字　校釋云就上似脫由堂西三字

又取至就席注或言至堂西節

若二耦射下　二校釋作三

衆賓至上耦注於是至及賓節

握上則兼取之順持之處　校釋云上字衍今案據下記則此或當作握本所持

之處六字殆與上述注語蒙混而譌

不敢殊別於賓殿本下補故不來三字校釋於首補不來者三字

司馬至握焉注兼束至作尚節

則據數筭束爲正束下正字據通解補面字

注縮從至爲蹙節

故酌者不得反射位也不各本作先

弟子至反位注勝者至有事節

謂至此復言不勝者謂以此襲說決拾以不能用也

校釋者下補襲說決拾者五字下謂字下以字及也字

則左手執弓校釋云弓當爲弣

注固襲至執弦節

於下文衆耦等乃來就位射位射各本倒

司射先反位注居前後所命來節

飲者升少西又當辟豐上之爵故云少右辟飲者也

校釋云又衍字辟當爲取云當爲勝者二字又觀下經云不勝者進北面坐取豐上之觶則少西二字亦衍今案首句或當爲勝者升少右五字

三耦至少右注先升至之位節

皆有上射在先　正字云有衍字

注後升至由次節

以初使勝黨第子酌酒於豐上　弟誤第

有執爵者注主人至序端節

反奠於豐上　校釋云反當為坐上當為下

執爵至如初注每者至於備節

故云言使設也　設下正字補新之二字

獲者至薦俎注獲者至新之節

若就之則己所當得之汲古閣本作乏案校勘記云單疏本亦作乏乃與此顯違未審孰是

左个至既爵注不就至北面節

此薦脯醢及折俎有肺祭肺祭殿本倒校釋刪肺字今案曹校似得

亦薦有祭肺祭肺殿本作脯醢校釋作祭脯

司射至有祭注不當其位辟中節

以此當次序拾取矢射射殿本作時今案作射亦通

司射至就位注位射至取矢節

末有故位　末當未字之譌

司射先反位注言先至所先節

謂各於堂上北面相見而揖　堂上北面詳校作堂上南面校釋作堂下南面

司射至前揖注南面至行也節

先知審政也政注疏本通解作故

司射至不釋注不與至聽也節

周禮射人而知　周上殿本補據字正字補以字

云其他賓客鄉大夫則歌采蘋者　采蘋是鄉大夫樂節　二卿字詳校云當作卿今案注文李氏如圭儀禮集釋引正作卿

上射至若一　注東面至重節節

東北面近其事　校釋云上脫故知此反自西階七字

樂正至反坐　注贊二至北面節

進南面　進下各本有東字此脫

而亦進西面可知也　西下各本有南字此脫

賓揖至之禮　注其既至所酬節

儀禮疏攷正卷十二

二

清心閣

儀禮疏攷正卷十三

爲無筭始也 校釋云始上脫爵字

司正降復位節

所盛禮已重 所正字刪校釋改作斯

舉觶至所興 注不舉至反坐節

日莫人倦 注疏本通解下有齊莊正齊而不敢懈惰九字

司正至于賓 注請坐至倦焉節

此乃鄉飲酒臣禮 乃正字作及

主人至升坐注說屨至被地節

在於階下校釋云下當爲上

無筭至不拜注二人至復衆節

禮殺也者禮下正字依注增又字

注錯者至殺也節

今文此經云執觶者無此執觶　至明不爲爵　此疏殊難通殿本改作此經曰執觶者今文無此執觶又今文實觶大夫之觶皆爲爵不從者以其皆在無筭爵之科明不爲爵且以此注疏移屬于上執觶者受觶節下校釋祇刪今文無執觶及六字章氏平以爲

注文執觶上疑脫虛觶二字蹟則當云今文此經云卒受者以觶降無此虛觶又今文執觶及實觶大、夫之觶皆為爵諸說未安 又案詳校此節繆戾殊甚今不錄

卒受至大夫 注復奠至為之節

玄端即朝服之下 下殿本作衣今案此蓋用士冠禮注文作衣為是

主人至司正 注釋服至息之節

此上司正飲酒 殿本删上字正字删司字

無介 注勞禮至畢者節

還司正為擯也 校釋云還當為遷似未確又擯字當從各本作儐

使人速注速召賓節

此即居士縞帶　正字云縞當錦字譌語出禮記玉藻今案鄉飲酒疏明引玉藻作錦帶又引此經證之則此當作錦不可疑耳

以告至可也注告請至仕者節

即士冠禮子　正字疊禮字今案燕禮疏正疊之

巾冪必布執冪布殿本　正字改為有

尊綌冪賓至徹之注以綌至堅絜節

鄭注周醞人云　周下脫禮字各本有

脯法於人爲縮者校釋云縮者二字當爲横

故於人爲縮横、校釋云縮當爲横今案曹氏於縮字句故云然不知此本作故於人爲横五字句後人誤加縮字耳

祭半職横上正字云横當爲于今案浦氏亦當以上句横字下屬讀矣此當作祭半職横于上文義乃完

薦脯至二寸注脯用至作植節

謂若酬一人二人舉校釋云酬字衍正字云舉下脫觶字

將舉者於右節

無妨堂下更入用之　詳校入改為人

獻工至階上注奠爵至與笙節

獻釋獲者　校釋云此下有脫擬補云時亦於西階西釋弓矢去扑

司射至之西注便其事也節

據

記天子燕射記　殿本刪天子燕射記五字正字改燕射為熊侯校釋移上云燕射則至張之者七字於云此所謂豐侯也下又以燕禮至法也移在各以其鄉射之禮者下又云據記天子燕射記句天子當為諸侯下記字當為既既下有脫擬補用鄉射之法五字或下明字屬既字讀言據記文諸侯燕射用鄉射法既明天子燕射自亦用鄉射法也今案此疏意蓋謂天子燕射之法雖

無明文據此記天子熊侯於鄉射記中與諸侯麋侯同處明其用鄉射之法也然則此句或當作據記此于鄉射記七字涉下文而誤書疑有脫爛未碻

故云獸侯於此鄉記也正字記上補射字詳疏文以上由是用鄉射法句釋注由是二字故云獸侯四字釋云字於此鄉射記也六字釋焉字則射字當有殿本乃於故下加經字全失疏義

凡侯至麗豕注此所至物之節

鑯外諸侯者之九十步侯之內殿本刪者之二字蓋依通解

凡畫者丹質注賓射至於赤節

步射者履物不過一跬　正字云步疑衍

射自至長武注自楹至二寸節

射于謝于序是陳本無于序二字正字依通解全刪六字今案此蓋謂注云射于謝者即周禮云射于州序序是也然則謝下似當補射字以其與謝字形相近而奪

仞則大夫五仞士三仞不同　上仞字殿本作杠

旌各以其物注旌摠至於謝節

上射乃更向前通解云上射與上經後者遂取誘射之矢不相應當作下經之下射

取誘至取之注謂反至因也節

必以司射 司射正字云當司馬誤今案浦氏誤連下決之者三字爲句故云然射字不宜改

賓主至卒事注擯賓至於射節

謂主人大夫降時 正字云主上脫賓字

其耦在司馬之西 校釋云西下脫南字

大夫至俟射注尊大至射位節

據內田時也 正字云內當向字誤

云非所於禮者 於下脫行字各本有

云云揖讓取 各本云字不疊今案或當作上文二字

先向澤宮中試弓習武之射殿本試上補行字校釋删之射二字今案向字或當作行

禮射至者降注禮射至獸侯節

欲見釋獲者與主獲者主疑當作上字之譌也

案公食大夫有切肺與祭肺者校釋云公食以切肺爲祭肺更無祭肺疑說似非

儐賓使賓祭使疑當作便形相近而譌鄭注公食云此擧肺不離而刌之便賓祭也是疑語所本

此二者亦以舉肺爲祭肺者校釋云亦上脫此字今案曹氏以此二者三字屬上句讀以切肺與祭肺當之故云然不知疏意以三字屬下讀以釋獲者與上獲者當之此字不當增校釋又云舉當爲切祭當爲舉今案此乃當從昔校

侑家俎亦切肺一校勘記云各本作俎家單疏誤倒今案單疏作家俎正與有司徹疏今上句羊俎亦同此乃各本俱誤而單疏未誤也且阮氏但校此句未及上句何耶

釋獲至有祭注皆皆至祭肺節

故周禮鄭云鄭下正字補注字

中十尺注方者至中也節

而云弓者侯之所取數上四字殿本删

侯道至侯中注言侯至肱也節

儀禮疏攷正卷十三

儀禮疏攷正卷十四

燕禮於五禮屬嘉　下燕禮字各本俱有

聘使之旁兼王事之旁二者也　兼監本誤於聘字上

燕禮第六鄭目錄節

戒與者謂留羣臣也者　按島記云戒要義作云疏云留羣臣謂羣臣留在國不行者也留羣臣正釋與字疑賈氏所見注亦無戒字

疏戒字當從要義作云

注小臣至歡也節

云具官饌具官之所饌者　注文下官上有其字

下記云燕朝服於寢正處 通解云於寢下疑脫既朝服則宜於六字

膳宰至寢東 注膳宰至路寢節

此二者皆當天子樂師 正誤疊天子樂師四字

案下僕人相大師 此經下文並無僕人大射則有之

案下唯有磬而無鐘 至特縣磬而已 校釋云此經下文並無磬鄉飲則有之

樂人縣注縣鐘至新之節

若據設尊之人及尊面而言 校釋云設尊之人及五字當移上句此等皆據

下今案上引鄉射左玄酒注云設尊者北面西曰左彼疏云據人設尊北面故以西為左若據酒則以南面為正以西為右明與此不合又案以儀正義云設尊者東鄉酌者西鄉設者之右則酌者之左是則設者與酌者不同面矣賈氏此疏疑當涉彼而論

交於東楹北也

正義云下文二人媵爵于公升自西階序進酌散交于楹北注云楹北西楹之北也蓋媵爵者二人升降皆由西階故也而酌酒則在東楹之西往來皆折旋故北疏云交於東楹北不然則東字或是西字之誤也今案下注又云序進往來由尊北交于東楹之北正其所謂酌酒則在東楹之西矣東字未誤

柄亦是尺

是各本作長是也

云冪夏絺冬錫　注文作冪用絺若錫

司宮至圜壺　注司宮至

案下文若射則不獻庶子　下文祇有若射則大射正爲司射無不獻庶子文案大射儀云若命曰復射則不獻庶子此疏牽混二者而爲一疑誤

射人告具注告事至射也節

故下經君始爾之就庭位　注疏本通解作君爾之始就庭位

大射及下文云　校釋云及字衍

左即由闑西者　即殿本作則

小臣至東上注納者至闈西節

其次爲射正又其次爲司正注疏本射上有小字胡氏匡衷儀禮釋官司正又鄉射禮疏又改爲司射原注引賈子命云司正不監射事諸本誤謂小射正次於司射與此自相違戾

大辨尊卑校釋云大下脱射字

射人請賓注命當由君出也節

公將及升堂校釋云及似當爲反

公揖至就席注揖之人之也節

則羞者升自北階至知房中西面南上者正字據通解改作側

羞者升自北階可知大射工人士梓人亦升自西階也知由堂東者以羞在房又知房中西面南上者今案通解本文理較順疑朱氏刪潤之也

乃命至東上注以公至略之也節

主人坐祭不卒酒　卒當作啐

主人坐祭不啐酒注辟正至臣也節

拜酒主人爲告旨　校釋云人字衍

主人告酒美　殿本主上增向字校釋云告字當在主人上

不拜酒不告旨注主人之義節

是以下云主人受公酬得酌膳 酬注疏本作酢似不

燕上觶故也 上注疏本作主誤

大射主人受公酢者 者上殿本補酌散二字

公拜至西階注薦進至左房節

故執觶待于洗南 故正字依通解改作猶

媵爵至洗南注待君命也節

云序進進往來由尊北 各本無一進字此似誤衍

西向而陳 校釋云西當爲東今案此據酌者而言不必以尊面向君決之

與反者而交　校釋云而衍字

案鄉射皆云奠者於左　當從殿本案下增鄉飲二字正字改皆爲記又於下鄉飲酒一人舉觶上補以字皆未安

若君至再拜注序進至反位節

首拜於堂下　首誤各本作皆字

初受獻拜於堂下　校釋云獻當爲酬

至於酬酒疏下堂拜　校釋云於酬酒三字或當爲公卒觶今案下公有至觶首節疏亦云謂若酬時下爲拜則此酬字似未誤酒或當時字之誤此節末又云虛末又輕於酬時是也

公坐至成拜注興以至成然節

言易者賓尊校釋云尊當爲卑

若不言易者校釋云若似當爲又今案不字疑誤

今由前人後用已不用亦以爲爵殿本後用二字倒亦作易爲作祂

若然又案少牢不儐尸至注云更猶易也案彼文云主人卒辭

拜主婦荅拜受爵酌以醋注自酢不更爵與此所

引顯然相背其非不儐尸文明矣

公坐至觶洗注君尊至文也節

賓不拜直言階上北面再拜稽首注疏本通解要義賓下俱有升字今

案不拜二字或當作不言成拜今脫言成二字正字依通解刪不拜直言四字亦未安

公有至稽首注下拜至成拜節

遣人作大夫者注疏本要義遣下有射字今案遣或當射字之譌

射人至受旅注言作至卑後節

儀禮疏攷正卷十四

儀禮疏攷正卷十五

與公食大夫席及賓　校釋云當爲與大射席公及賓

司宮至東上注言兼至房來節

皆是異席而辭之　校釋云此與上節疏違未喻其故疑有譌也

卿升至徹之注徹猶至君也節

射人至之禮注諸公至三監節

彼是般法同之　同注疏本俱作用今案或當爲彼擧般法言之

不然以言皆致　殿本以下增當字今案言或當當字之譌

請致至再拜注命長至暇也節

其後縢二觶者留之二各本俱作一

注一爵至酬賓節

案大射注直云主人大夫不云下案今本大射注作主人下大夫與此違

謂升特牲體於俎校釋云特字衍

胥薦至無脀注胥膳至俎實節

是以別周禮同官人多得相參之意詳校別改作引以是校釋又云

同上以脫明字

小臣至乃降注工四至同官節

是以不得言節之殿本之改爲也字

以經云工興左瑟校釋與上補不字

卒歌至送爵注工歌至於席節

故笙之閒至射乃爲大夫舉旅故笙之閒至射正字作至三射之後五字殿本作故笙奏貍首三射畢八字校釋云笙之閒三字涉上而衍射下脫畢字

公又至如初注言賜至彌卑節

近北面縣之南也殿本作亦近縣之南北面也今案近或亦字之譌餘當仍舊

笙入至華黍注以笙至信也節

言不拜受爵降者　至　亦盡階不升堂通解引作笙在堂下而言降者階下受爵者亦盡階不升堂也校釋云於階下下字句於字上似當重降者二字今案於上當補不拜二字受爵者者字當改作降

衆笙至不祭節

對小師已下二百人爲上士也殿本二作三上士作下工今案三字工字當從殿本上字似未譌

注云陽聲黃鐘大蔟姑洗蕤賓夷則無射案此實經文非注誤
還是始升歌笙奏之按葛記云之下脫人字
大師至歌備注大師至成也節
雖一獻以辨尊卑雖殿本作惟正字作唯
故主人獻君而受酬酬殿本作酢
射人至司正注君許至事同節
蒙之以其骨蒙各本作幪與內則合案大射單疏本亦作幪
羞庶羞注謂膳至之道節

故故大射初司射自阼階前請於公通解不疊故字

若士射則司正不爲司馬校釋云士當爲大

是燕射於飲酒字射殿本作主字校勘記云射下脫主

若射至之禮注大射至飲酒節

曰此誤爾者曰當從注及各本作由

賓降至再拜注此當至誤爾節

若無筭爵然後士有盥升主酌授之者殿本然後改作故云今案

然字屬上句未諭校釋云後當爲故近之

有執爵者注士有至之者節

以士未得獻時以當作次字之誤也

大夫至上辯注祝史至及羞節

明是小樂正在西爲一也一當從各本作右

皆北上統於樂正校釋云樂正二字譌當爲堂上今案或當統上脫不字

卒主至之禮注庶子至薦也節

但先君受爵校勘記引顧氏廣圻云受當爲虛今案或當作卒卒亦通

唯卒爵者興正字云卒下當補受字

受賜至後飲注不敢至來也節

今乃設賓不言賓設陳本作沒殷本考證吳氏紱云此謂經沒其文而不見也大射儀

卿大夫皆降節疏亦有沒賓之語可證

士不至皆辟注命徹至受也節

故使之在門為大燭地地各本作也

宵則至門外注宵夜至客出節

奏陔注陔夏至奏之校勘記云陔夏疑當作陔陔今案鄉飲酒疏正標陔陔

奏陔注陔陔至奏之節

客使者上介出請事校釋云者行字

曰寡至以請注君使至無之節

殿本考證吳氏紱云公食大夫禮於

又無入廟之事廟行之乃云無入廟之事何也疏益

有謨校釋云又下有脫擬補迎賓前卿大夫士具

於廟門外十二字今案疏說益謂迎賓前入廟之

事曹說近之

若與至讓升注四方至賓也節

是諸公如鄉禮中也校釋云鄉當爲卿言諸公如卿不齊

賓爲至爲賓注苟且至燕也節

是仲尼之文校釋云之上脫燕居二字今案或脫燕居云示易以敬也鄭將姓十一字

若以至樂闋注肆夏至樂焉節

儀禮疏攷正卷十五

儀禮疏攷正卷十六

鄭意不云宰戒百官者　不閩本作下是也

大射至戒射注將有至尊者節

此上下文所云戒者皆謂祭前旬有一日　校釋云祭疑當為射今案賈氏以射前之戒書傳無文故引祭前卜戒之日明之耳似可不改曹氏又於下卜日在澤宮又至射宮二句改作卜日戒在澤宮此在射宮分為二事大失賈意矣

射人至贊者注射人至射者節

是七日前期　校釋云七當為十今案疏文例當作前期十日

不視濡器　不殿本作宿非

前射至視濡注宰夫至射宮節

不得與天子同　校釋云六字當在上彼畿內諸侯二侯句下今案射人疏云畿外不得純如天子則此不得下疑亦當有純字

得與君賓射　至若然諸侯之士亦然也　校釋云諸侯之士亦然然當爲與又引或說曰然字不誤諸侯賓射士亦不與上得與君賓射賓當爲大今案曹引或說爲是射人疏云士不得自大射得與君大射司裘疏又云士自無大射之禮得與天子大射者以其得助祭故也是士得與君大射也射人疏云士得自行賓射不得與君賓射司裘疏又云士豻侯二正不

得與天子賓射是則士不得與君賓射也此亦當然耳

司馬至北十注量人至不射節

以其三侯入堂深也 校釋云堂當為庭今案下注云為有侯入庭深也此益用彼文

三等皆高廣等 等疑當為侯

上有一丈一尺二寸在 校釋云上當為尚下上有一丈六寸在同

云前射二日 二各本作三是也

遂命至用革注巾車至志焉節

雖同西面與鐘同 上同字疑當作東東方有鑮無鼓不得云同西面也

則除黄鍾蕤賓並爲陽　陽上疑脫陰字

特牲注亦云鑮如鍾而大　案特牲無此注

樂人至南陳注笙猶至爲節節

不倚在西建鼓間者　校釋云不字以衍今案書說未安此蓋以倚在西建鼓閒與倚於堂分爲二事細味文理自可見矣

簜在建鼓之間注簜竹至於堂節

定天下而作護樂　護注疏本作濩與毛詩合

鼗倚至西紘注鼗如至將之節

案禮記燕義諸侯射先行燕禮射案此射義文燕當爲

豐者承尊之器　豐詳校作豊是也

故云近自豆而卑　自當從各本作似

厥明至在北　注膳尊至作晉節

皂藝又在五齊之上　皂藝二字當從注疏本倒

又尊至獻酒　注爲隸至東面節

乃就西階請執冪者　請殿本改作命

乃命至東上　注命者至略之節

美武王有明明於周　下明字注疏本俱作昭似是

若賔醉而出奏陔夏　校釋云此句當移上句上與又此納賔二句連讀言納賔之樂故諸侯亦得用肆夏如賔醉而出諸侯亦得奏陔夏若升歌肆夏則不可事以此異也今案賔醉而出奏陔夏者戒之以為行節明與此納賔樂異矣疏文本明無須自擾耳

奏肆夏　注肆夏至肆夏節

儀禮疏攷正卷十六

儀禮疏攷正卷十七

以無右所對故也　校釋云所上脫無字

注人君左右房節

論主人受賓爵之事　賓爵殿本正字俱改作酬賓二字

主人至荅拜　注媵送至作媵節

云此於正主酬也者　此當從各本作比

謂於鄉飲酒鄉射　校釋云於上脫比字

注辭者至酬也節

案鄉飲酒注云位彌尊禮彌卑　鄉飲酒當燕禮之誤

此對酬時立于西序之時　校釋云酬當爲酢

注賓不至彌尊節

以其下作大夫　下作二字注疏本倒案倒者似是

小臣至命長注命之至則卑節

亦前酬酌自飲時　校釋云酬字衍

待後至降也　校釋云後下脫者字

注既酌至君舉節

注反及門右北面位 及字似衍

注反及門右北面位節

不用尊卑 用殿本作明

公坐至稽首注不言至下拜節

於尊卿更 殿本作於尊者 言更五字

尊則卑 案當作卿尊則賓卑五字通解尊下有卿字 蓋以下句首賓字屬上讀

注言更至禮殺節

主人俎脊脅臂肺 脊上當從各本補脊字

又獲者之俎脊脅肺臑　脊上當從各本補折字

乃薦至折俎注卿折至禮尊節

故不分別工賁及相賤　校釋云賁字當移於賤上

僕人正至上工注徒空至貴賤節

同云有其義而亡其辭　同殿本作故似是

則於此縣而言　殿本作則近於北縣而言七字今案近字似不當增

乃管新宮三終注管謂至之中節

案大宰云四曰夏官　大當為小

自作至請射注爲政至射禮節

冬官雖士校勘記云士單疏要義作亡是也今案此本實不作亡

則上文橫與距隨是也此句疑有譌嚴本改作則鄉射記長與距隨是也十字

工人至莅之注工人至之長節

知工人梓人司宮位在北堂下工人下脫士字注疏本有

卒畫至階下注埽物至堂下節

云折羽爲旌折當從各本作析

司馬至夏侯注司馬至爲旌節

三耦取弓遂　校釋云取弓當爲皆袒決

上射至反位注上射至皆袒節

此曰射位　又曰射位　二曰字殿本改作司

遂命至挾之注此命至未訖節

取背君向南爲順拔也殿本取下補不字今案橫弓本當取背君不得以人之周
還決之

下射至面揖注橫弓至便也節

北面揖時已在次西面殿本刪西字今案此或謂後背已在次西面西面字似非羨

揖以至於左注以猶至東面節

況國君官臣多 殿本刪官字

大史至而俟注先猶至南去節

注植中至釋獲 挍勘記云値誤作植

唯公至皆獲注値中至釋獲節

儀禮疏攷正卷十七

儀禮疏攷正卷十八

司馬使更命負侯　校釋云使當爲師

公將至而俟注君尊若始焉節

此又云小射正授弓　校釋云此當爲別屬上讀今案疏意當謂此小射正與下小射正奉決拾同爲一人而此又云小射正授弓者與取決拾者別矣曹說非是

小射至東堂注授弓至去塵節

始云小臣正贊設拾　校釋云臣當爲射

注既袒至襦上節

故云反位也校釋云反當爲降

注階西至降位節

案詩云兕觥其觩

注弟子至略之節

欲與勝者相起復發通解無復字似是

注固韇至拾也節

言升之校釋云升之當爲皆升

取其助祭 取殿本作及

注不勝之黨無不飲節

酬者在左 校釋云酬當為受

注先升至禮然節

若然卒爵禮祭侯訖 禮殿本改作在今案或當為侯

在未祭侯之前 侯當從各本作侯

明獻徒移始反位 移當從各本作後

司馬至反位 注不侯至反位節

以其既祭左个次祭右个　校釋云左右二字當互易

卒錯至從之注不言至右个節

則此俎祭肺亦離肺　校釋云亦當爲非

獲者至祭酒注祭俎至未聞節

侯西北面者　校釋云北字當重

卒祭至東面注此鄉至卒爵節

薦者東面立　校釋云者當爲右

設薦至卒爵注不言至立飲節

正唯一祭俎耳　俎殿本作肺似是

注俎與至爲異節

謂序出次時一耦先後　一各本作三此似誤

反搢至取矢注鄉言至言耳節

舊位第一番之時　校釋云舊位二字衍

司射先反位注言先至先也節

既司射注　四字必有譌殿本刪司射注三字校釋云當爲棠鄉射經今棠或當爲不作射者下

至司射所作隹上耦是爲句

三耦至三耦注皆進至從初節

以其三耦是士之吏　之殿本改作不

注説矢至誎也節

證射用應樂而爲難之意　校釋云而字衍

注請奏至者乎節

公食大夫有王事之勞乃有之　食當卿字之譌校釋云公食當爲此是未當

安

此仍引内則上大夫二十豆者　仍疑當作不此注雖兔鶉鴽是公食大夫

文亦不引內則

羞庶羞注羞進至鶉鴽節

次云士又云其他校釋云士當為其他又字似衍今案士謂士坐祭立飲不宜與其他蒙混曹說非也

注其他至受爵節

案上文位在阼階東南校釋云南下或當有面字

自然北面授詳校云授當為受今案小臣師既南面則授者當北面矣盧說非

注主人至略之節

大夫未能受酬者　殿本正字禾字作末刪能字

注興酬至畢也節

祝史與旅皆得獻　校釋云旅下脫食字

注祝史至及焉節

直非懈急　直非各本倒案倒者是

是以不可恣心所欲　校釋云不字衍今案似當云可否從心所欲

注司射至心也節

至此賔士舉旅　殿本賔改為爲

注拜君至在上節

案上文樂正及位正字云及誤及

又案執事者堂上殿本作則位不得在堂上校釋云當為則執事者不得在堂上

主人至之禮注庶子至西上節

臣禮是也正字作是臣是也校勘記云或當作是臣也無禮字

公不送注臣也至禮也節

周之小學祖西郊祖各本作在此誤

是以與禮同者校釋云禮上脫二字

公入鷔注鷔夏至入也節

儀禮疏攷正卷十八

儀禮疏攷正卷十九

歲相問　各本下有也字與周禮合

上公之臣　殿本上上補據字

聘禮第八鄭目錄節

降天子　校釋云下脫諸侯二字

厥明至于禰注告爲至如祭節

下文周樞入毀宗雖不云躐行亦有行可證案檀弓注云周人葬不毀宗躐行孔疏云周殯於正寢至葬而朝廟從西門出不毀宗也故士喪禮不云躐行也則

此與鄭義顯背

又釋幣於行注告將至禮乎節

又賔授覿時 校釋云授字衍

使者至受命注同面至其左節

若然璧琮右受者 詳校云大

欲見朝置享用玉之意也 校釋云置當爲聘

受享至如初注享獻至覲聘節

殿本有改爲無今案賈氏此釋正

言別有告請之事與曲禮注言謂有故所問也同有

字未譌

遂行舍於郊注於此至於家節

自此盡執策於其後　校釋云於上脫立字

若過至奠幣注至竟至當由節

若許受幣注疏本通解皆作若因許道受幣校釋云許下似脫爲字

下大夫至受幣注言遂至命也節

牛羊右牽之豕束之右　下脫手字束誤東

餼之至有餼注凡賜至秣馬節

云謂於所聘之國者　國下脫竟字

未入竟壹肆注謂於至失誤節

其壇壝土爲之無城　城當從各本作成

不壝土爲宮是畫外垣垣墻壝土爲外墻土今則不

畫宮也　此必有誤通解作不壝土以畫外垣是無宮也殿本改爲壝土爲宮是畫爲外垣今不壝土爲外垣墻是則不畫宮也校釋改爲壝土爲宮是畫外垣垣墻壝土爲外墻今則不畫宮也

爲壝至無宮注壝土至垣也節

及廟門內之禮者　校釋云內當爲外

介皆入門右　正字云左誤右

介皆至西上　注入門至作豫節

謂君聘享　享各本作亭不誤

賓西面如覿幣　殿本刪西字是

習夫至私事　注公事致命者也節

云闕識異言者　注蹤本識下有異服識三字

乃謁關人　注謁告至異言節

當一族之人百人也　族汲古閣本作旅校勘記云作族誤校釋乃云族字不誤今案

書校是

且謂有司當共委積之具者　謂注疏本作爲與注合

關人至幾人　注欲知至之具節

及問大夫聘之幣　校釋云聘行字

使者得之行私覿　校釋云之字以衍

有司至以告　注委幣至自告節

若公百里中置國　百上脱五字注疏本有

及郊至如初　注郊遠至半之節

無過如朝天子如猶於也此本不誤按勘記以天子屬下讀而云如朝當作再勞似失疏意

及館至如初注館舍至疾也節

論王君使大夫及卿行請勞之事行請二字疑倒

賓至至帛勞注請行至朝服節

道皆有廬宿市來之舍正字云來當未字誤校釋云來字衍

前出請士注疏本出作士士作事是也

上介至再拜注出請至爾錄節

云必退象降拜者　注疏本無云字

賓降階西面　正字云面字衍

上北面受幣　上字上注疏本通解俱有堂字

賓北至者出注北面至降拜節

大夫西面受　通解云西面當作南面

注受送至階上節

是賓之使者　校釋云使當為從

勞者至再拜注揖皮至而出節

儀禮疏攷正卷十九

儀禮疏攷正卷二十

葉十有二　二下脫寸字注疏本有

夫人至有蓋注竹簋至方耳節

儐下大夫如　如下疑脫初字注疏本如作知屬下讀非是

儐之至賓入注出以至不拜節

又諸臣朝覲天子　校釋云臣當為侯

此等皆主君親致館　又云致館亦如之殿本刪上館字添故有儐三字　校釋云又當為上今案又字疑當下字之譌

以此言諸臣致者　校釋云臣亦當為侯

王國有用幣致館　王當作主

大夫至致館注致至至之也節

亦以幣帛致　校釋云亦下脫不字

賓迎至再拜注卿不至禮也節

賓與飧陳同　汲古閣本飧作其校勘記云作其誤校釋又云飧字衍今案其字較優

飪一至鼎七注中庭至曰陪節

以其陳鼎鑊鼎同　校釋云鑊上脫與字

堂上及夾六注八六至饔餼節

車米死生牢 死當從各本作視

門外至十車注禾稾至門西節

故上擯亦西面向君也 君當爲賓

彼言覲者 校釋云彼當爲違今案或當爲併字

是及其末則鄉受之 校勘記云鄉陳閩俱作卿注中卿字亦或作鄉釋文無音當從卿爲正 校釋云阮氏從卿非也此字義當作鄉今案曹說是賈云末介向末擯邊受命者正釋注鄉受之句

冬官匠人云校釋云云當爲文

卿爲至請事注擯謂至無擯節

注由賓至相君由各本作内案下公出送賓及大門内公門君下疏引此注亦作由單疏似不誤

隨賓入門左相校勘記云相字不當有今案或是相賓之義以未必去

亦約朝君揖位校釋云揖似當爲擯

賓入門左注由賓至相君節

不敢賓辟當相酬亢之禮殿本當字移於賓上校釋云賓辟二字衍

注不敢當其禮節

隔牆中夾通門夾疑當夾字之譌

竝前而鴈行者前字各本無與注合校勘記以單疏本爲是未詳所據

此謂聘賓大聘大夫校釋云大聘下脫使卿小聘使五字

公揖至曲揖注每門至之擯節

住主君先立住字似有譌汲古閣本作在亦未安

已上仍有五階階各本作等與下公升二等節疏合校勘記以階爲是未喻其故

上初命拜迎賓于館之時拜殿本改爲訝校釋云拜字行

必知義然當 正字云當疑著字之誤校釋然下補者字為句

及廟至中庭注公揖至俟之節

云於此介在幣南北面西上者 注疏本無於此二字按勘記云單疏有二字與注合今案注於此二字上屬為句賈氏上已釋說此不容複述耳

賓立接西塾注接猶至於士節

言則信矣 則注疏本作益

几筵至請命注有几至彫几節

故去飾也不裼 殿本移也字在裼下

賓襲執圭注執圭至襲也節

擯者至辭王 王當作玉

彼主人無三辭者 校釋云當爲彼主人三辭此無三辭者

擯者至辭玉注擯者至尊讓節

至碑曲揖 碑通解改爲將

賓又揖主君揖上揖字殿本作向似是

三揖注君與至碑揖節

此文出齊語晏子辭 朱子云齊語無此辭殿本考證云見韓詩外傳

公升二等注先賓至行二節

復有上服皮弁祭服之等祭服二字注疏本誤倒阮氏乃以此為誤非也

執龜玉襲龜玉注疏本倒與王藻合

是禮尚有相變也有字注疏本無

禓降立注禓者至作賜節

儀禮疏攷正卷二十

儀禮疏攷正卷二十一

若使卿贈 校釋云若當為君

庭實至設也注皮虎至可也節

此已上側亦獨 已上二字似衍

三人入門時 校釋云三人二字不當在此

西頭爲上餘 校釋云前三人二字當在餘字下餘三人下當有以次而東四字

公側至而東注如入至生也節

是諸侯與朝聘天子法 殿本與下補孤卿大夫四字校釋刪與字今案殿本較優

宰夫徹几改筵注宰夫至几與節

凡云賓左几者　凡云二字當從各本乙

注不降至左几節

若然以有宰夫主　校釋云主當為在

宰夫至東塾注事未至宰夫節

尚古今通用也　詳校尚下補上字

注降筵就階上節

其始升亦連步於上　詳校於字作以依曲禮改

注栗階至連步節

賓儐勞執幣揖皮者　殿本勞下補者字

注受尊至出也節

又不升堂入幣　校釋云入當爲授

賓覿至稽首　注不請至覿也節

北當謂　下賓奉幣入門左之禮右疑在後門右禮記字之譌

注將還至北面節

賓奉束帛　帛當從各本作錦

牽馬右之入設注庭實至牽之節
對前賓校釋云賓上似脫請字
注此請至而俟節
以皮入右首右先校釋云下右字當爲左曹氏益據享皮如入右首而東注云如入左在前而改今案右先當作皮先下經云上介奉幣皮先是也
注擯者至當門節
下云士介覿幣時校釋云云當爲文幣衍字
立於南面之文校釋云南面似當爲擯南

注請于至文也節

請先授上介幣　校釋云請字衍今案或當謂字之譌

注此言至授之節

幣入門左　正字云幣上脫奉字

亦皆東不奠於地　殿本改爲彼皆不奠於地今案以云皆東者謂下記云賓之幣唯馬出其餘皆東也賈疏本自明白可不改

注皮先至重入節

然以客禮是　校釋云禮下當有見字今案是似見字之譌

然不敢以客禮見也　然汲古閣本作𤇢

注終不至禮見節

案爾雅釋言蒍憂言當爲訧

注拜其至亦辟節

但正服則鄭注司服云　正疑兵字之譌

鄭志兵服云校釋云此蓋別一條有脫字當爲鄭志又云兵服素裳今案周禮賈疏辨司服注與雜問志不相同以亦先釋注畢又引志解之其有奪文明矣

君使至五年注爨皮至爲饋節

既北面揖既下注疏本通解俱有曲字

注陪鼎至用木節

此經湆湆不自相當下湆字注疏本作醢是

堂上至醢醢注戶室至爲併節

或綈咪如錯如疑當作而

六鉶至羊豕注鉶羹器也節

其要殺各得相變正字云殺疑使或在字之誤校釋云殺字衍今案殺亦要也疏文未誤

羊豕相當不相變通解云牛豕常相變不相當唯羊一物自相當而疏云羊豕相當不相變未詳何謂殿本考證云羊豕當作羊鉶詳校則删豕字校釋又云豕豕當爲自

故羊豕不得變也詳校云豕亦衍

注凡饌至相變節

與此堂上及西夾其對校釋云其似當爲相

八壺至南陳注壺酒至爲味節

其六籩四鉶兩簋校釋云簋下脫南陳二字

西夾至東陳節

儀禮疏攷正卷二十一

儀禮疏攷正卷二十二

次北有鹿麛　校釋云北當爲西

饌于至北上節

今米爲筥　爲殿本改作百校釋云爲字衍

在醯醢之南北之中　殿本重南字

米百至四行注庭實至深也節

此賓與使者幣　通解云幣字疑當作敝

揖入至揖入注賓與夫廟節

不下賓客主人之義故也

注不可以不下主人也　不殿本改作必　校釋亦云據疏讀下字絕句今案疏意蓋以不下賓客四字釋注不可以不下主人也句下主人之義故也未與注主人相涉然則注下字當不絕句疏不字未必改作

至于至一等　注讓不至三讓節

凡敵體授之義　授下注疏本有受字

受幣至面俟　注賓北至之使節

是上介有與賓同者　有下通解注疏本皆有不字

西夾至上賓　注凡所至介也節

如卿使者受賓儐禮當庭同〔此句似有譌校釋云如當為與庭字衍未碻〕

儐之西馬東錦節

門西米三十車〔米誤當從各本作禾〕

士介至門外注宰米至西上節

每上賓與上介米禾〔校釋云每字似誤或當為拜屬上讀今案每或當為案〕

宰夫至致之注執絅至拜迎節

知此亦在後受也〔後各本作右是也〕

士介至首受注受於至從者節

諸侯受於祖廟祖上通解注疏本俱有太字是也

卿受于祖廟注重賓至父也節

墻皆閤門校勘記云通解作閤門是也今案上公揖入毎門毎曲揖下亦作閤

擯者至揖入注入者至宁也節

今此賓與卿覿者覿殿本作敵

賓遂左就門右西階此疑有譌閩本作賓遂就門左由西階

注見私至西階節

是各於其爵校釋云於當爲以

注上介至禮也節

故直授之而已　授當從各本作受

君使至不拜注各以至禮也節

云韭菹其南醯醢屈　醓殿本正字俱作醓

堂上至東陳注籩豆至六豆節

此篇據伯侯之卿來聘　伯侯二字注疏本倒不誤

鄭兼云使大夫於大夫者　注疏本作於大夫使大夫者與注合

若不至無儐注君不至作宥節

是以鄭詩羔裘云羔裘誤殿本改作雞鳴二字

大夫至侑幣注作使至同之節

儀禮疏攷正卷二十二

儀禮疏攷正卷二十三

面位受不同　受字各本無似是

　賓自至而立注聽命至南面節

今云大夫降出中庭者　校釋云出字衍

大夫中庭　殿本夫下補至字

　大夫至階東注大夫至面立節

此玉則琮也　校釋云琮上脫璧字

　禮玉束帛乘皮注禮禮至作醴節

以其乖禽是禮以細小以殿本作之長島記引要義正作之

賓三至聽之注發去至不識節

敬也者殿本刪者字

使者至反命注郊近至得入節

於卿大夫所爲私幣所下注疏本有得字

再饗幣六也夕幣七也通解云案經文主國禮賜無有夕幣疏於上介公幣云無

郊贈及無禮賓幣又闕一饗幣故賓八上介五則

前公幣中夕字當是饗字之誤而其次亦當在再

饗之前

皆主君禮賜使者皆用束錦案錦當爲帛
以其上介無郊贈幣　正譌云贈當爲勞
主國三卿五大夫皆一　正字云下當脫食一饗三字
直有郊贈報私幣　校釋云私下脫覿字
主國卿大夫報士介私面　校釋云面下脫幣字
禮用束帛乘皮　校釋云用當爲玉
乃入陳至皆否　注皆否至從者節
僖三十二年經書齊國歸父來聘　二嘗從各本作三

此賄幣即是禮於君前　前詳校改作者似是

執賄至授宰注某子至外也節

士受皮皆自後右客　皆殿本作者字

入執享皮幣玉享執　殿本改爲報　校釋云享皮當爲報

此亦初享之時賓奉束帛加璧　校釋云亦下脫約字

禮玉亦如之注亦執至皮也節

則是賓亦言有私獻於彼君　殿本刪言字

若有至賜也注言此至孝也節

揖賓入出　校釋云揖字衍

乃退注君揖入皆出去節

以其廟在學設洗在字通解注疏本俱無校釋云在當為若

謂釋幣於　殿本於下補禰字

埋于西階東　校釋云埋上脫至字

釋幣于門注門大至見也節

此奠　奠殿本作薦

薦脯醢注成酢禮也節

使老牽牛以致之　校釋云　下脫餼士介士牽羊以致之九字

三獻注室老至自酢也節

何頻云饔餼之受　正字云頻疑須字誤案校勘記引要義正作須

主人畢歸禮注賓所至饗食節

謂脫去斬衰之服　校釋云之上脫齊衰二字

遭喪至以受注遭喪至義也節

君不稱某　校釋云　君下脫毳字

但臣子一列　列注疏本作例疑是

子即位不哭注將有至哭位節

袒括髮於西階東即位踊校釋云於西階三字以當爲降堂二字今案下歸使至從之節又引奔喪正作降堂

入門右即位踊注從臣至喪禮節

解經並使衆介先衰而從之意並注疏本作歸校釋云並字疑衍

歸使至從之注已有至深衣節

儀禮疏攷正卷二十三

儀禮疏攷正卷二十四

云當中奠贈者解經中小斂大斂之用殿本刪者解以下十字詳校十五字全刪校釋云贈字衍中當爲禮小上脫奠謂二字用當爲奠今案下中字當爲用餘當仍之

主人至以用注當中至賓禮節

之食燕之等　上之字注疏本作及似是

其禮至三介注如爲至上介節

云故謂災患及時相告請者注疏本時下有事字與注合

易詩書禮樂春秋策皆尺二寸校勘記云春秋序疏云鄭玄注論語序以鉤命決云春秋二尺四寸書之孝經一尺二寸書之故知六經之策皆稱長二尺四寸然則此云尺二寸乃傳寫之誤當作二尺四寸下云孝經謙半之乃一尺二寸也又云論語八寸策者三分居一又謙焉謂論語八寸居六經三分之一比孝經更少四寸故云又謙焉

古文篆書一簡八分字注疏本無分字似通

若有至於方注故謂至板也節

故鄭云同位者北面合者下注疏本有使者二字與注

謂平敵道路之神敵通解注疏本俱作適校釋云敵當為地今案上釋嘗於行節疏正

作地

云使者爲載祭酒脯祈告者也 者也二字注疏本倒 案倒者是

出祖至其側注祖始至作祓節

又案周禮掌節有玉節之節 下節字詳校改作等今 案節字未誤之疑當作角

此經直剡上寸半 校釋云直下脫言字

所以至白倉注圭所至作瑑節

各降其君二等 校釋云二當爲一

問諸至八寸注二采至相備節

故本絳以解纁　本注既本作擧

皆玄至絢組注采成至作約節

以其初宰衆官具幣衆殿本改爲夫校釋云宰下脫夫使二字

問大夫至皮馬注肆猶至爲肆節

交互體良互詳校作內案袁氏鈞輯鄭注周易引孫志祖云互字疑衍孔氏廣林又云互似當作下

辭曰至敢辭注辭不至不敢節

君不以束帛致命者　按勘記云君疑云字之譌今案或當作知字形近之譌

飧不致注不以至貝輕節

次如今宮府門外更衣處　宮注疏本作官與周禮合

賔卽館訝將公命注使已迎待之命節

云以公事聘享問大夫者　殿本正字則以字

賔既至其摯注既已至其訝節

云言四國獨此以爲實者　四字衍注疏本無

凡四至可也注言國至璧琮節

謂以幣欲之　欲殿本作侑

幣美則沒禮注幣人至見也節

及出一請於賓而受之　上一殿本正字俱作以今案上介私覿時擯者盡一請受注云禮請受者一請受而聽之也則知此云一請請者正釋禮請矣一字非誤

擯者至請受注東面至客也節

案上聘享及私覿記　校釋云及私覿三字衍或及下脫請字今案下唯大聘有几筵節又云行聘享及私覿禮畢殿本刪及私覿三字校釋云或及下當有請字正與此同

不禮注辟正主也節

釋經不釋服即往往汲古閣本作註校勘記云作往誤按釋亦從注字而云言鄭既釋經不釋服之義即注云所不及者下大夫未嘗使上者義如下所云也今案單號作往未誤二字當上屬爲句情理究足無可疑耳詳校未見單號而改作往字眞所謂閉戶造車出門合轍者

幣之至釋服注以異至其子節

故云士介四人皆餼大牢故汲古閣本作後

賜饔至若穆注羞飪至作聆節

諸侯不使人攝不各本作亦校勘記引許宗彥云號意始終謂諸侯亦攝雖引覲禮而後申之以大小祝俱不行是其意謂覲禮釋幣之祝亦是使人攝之者今案許說是不當作亦

僕爲至某子注僕爲至官也節

云鴈鶩之屬者案爾雅二足而羽十三字詳校移置下文則一雙也下刪羽字校勘記云疏意欲以二足釋雙字之義故引爾雅而截出之不必如盧所改今案必如盧說文義方完阮氏駁之殊覺牽強

既致至之數注稍稾至爲餼節

故稱禽則以鴈鶩等爲之故以成熟解之校稱云上故字衍二句當倒今案稱下疑脫義字下二句未必倒

禽羞俶獻比注比放至時賜節

晉侯享之以加籩以殿本正字據左傳作有字案宛

禮疏引正作有

凡致至籩豆注凡致至今亡節

無饔者無饔禮上饗字各本作饔是

無饔者無饔禮注士介無饔禮節

衆介米八筐八正字作六按勘記云聶崇義三禮圖

引正作六

凡餼至五斛注謂大至大略節

主君注疏本下有不親饗食所以愧厲之也十字校

勘記云要義有云云二字既無十字則必加

云二字文義方足

過則餼之注餼之至執之節

則是從賓爲介得介得饗注疏本得介得饗作之外二字校釋云得介二字衍

其介爲介注饗賓至禮也節

擯者出請命者者字殿本改作至屬下句校釋云者字衍

唯大聘有几筵注謂受至神位節

儀禮疏攷正卷二十四

儀禮疏攷正卷二十五

兼得大夫聘賓與上介此疑有譌得大夫或當作侯伯大三字

公食大夫禮第九鄭目録節

於門外侯氏再拜遂送之殿本改作侯氏送於門外再拜遂從之

賓不至從之注不拜至終事節

故不在大門内校譌云大當爲廟

即位具注主人至之外節

云小臣於小賓客饗食掌正君位者君下注有服字

小臣至堂下注爲公至服位節

食之酒云飲正字作飲酒食之酒五字今案補飲酒是則云飲非

飲酒至東房注飲酒至飲也節

若不待言之待各本作特是

則凡中不含之審此疏意蓋謂若不特言酒漿在東房則不含於此凡宰夫之具中以其常在堂上故也殿本改不爲亦全背賈意

凡宰至東房注凡非至在堂節

則言廟祧此蓋謂其言某廟若某祧耳校釋云祧以當爲號未碻

及廟門公揖入注廟禰廟也節

又在門東北面 又通解作今

今在門東西上 今通解作而

士立于西上注統于至在此節

謂在北堂之南 南殿本作東今案之或當作下爲句南字屬下讀

是以下有宰夫之官 有通解作文

小臣至南上注宰宰至南上節

及大夫二牲士庶羞之等 二通解作匕

內官至南上注夫人至無事節

解經至再拜者賓降也殿本者改作則按勘記云者字衍文

公當至再拜注楣謂至降矣節

略於下雖辭　正字云略當明字誤

賓西至荅拜節

凡升降有四種　降殿本作階今案燕禮記疏正作階

賓栗階升不拜注自以至曰辵節

論鼎入已載之事　正字云已誤巳

士舉至侍載注入由至爲持節

不云北 校釋云北當爲面

大夫至面匕注長以至洗南節

載體近奏 近當進字譌

則此亦用右胖肩臑臂肫胳脊脅可知 臑臂二字屬本倒胳字各

本作骼

亨亦皆有庶羞也 亨疑當作故

載體進奏注體謂至七个節

特牲腥有三鼎　腥殿本作惟字

倫膚七節

是亦親監餴故也　亦當從各本作示

公立至西鄉注不立至親餴節

又案彼經爲菹者經言菹不言韲菹者即是韲也　正字删又案彼經爲菹六字經上者字改爲此倒菹者二字校釋云不言韲上脫爲韲者三字今案說文未諟此蓋謂彼經謂爲菹者實爲韲矣而此經亦謂之爲菹未敢據實言韲耳

云醢有骨者謂之醓　殿本者字移於醓下

宰夫至鹿臡注醓醢至作麋節

但尊故也　但各本作俎此誤

士設俎至亞之注亞次至俎尊節

鼎正鼎之後設之　校釋云正上脫據字今案上鼎字或當據字誤又案殿本上鼎字屬上讀誤甚

宰夫至東牛注鉶菜和羹之器節

彼據酒　校釋云酒上脫酬字

主人奠於薦左賓不飲取奠於薦右　殿本左右二字互易

不同之　同殿本改作引

宰夫至豆東　注食有至於左節

爲西處　校釋云西處當爲三

注會簋盖至之西節

賓在戶西　校釋云戶當爲階

贊者至于公　注負東至賓也節

以正在饌之內　正在誤倒當從各本正

祭飲至不祭　注不祭至盛者節

三物之肉兼有魚也校釋云物當為牲
少儀云膴祭也 校釋云膴祭二字當倒
　士羞至如宰注羞進至執蓋節
是下不與正豆併也 殿本刪下字
　注簋西至往來也節
則曰此正饌在東 曰殿本改為與字
　旁四列西北上注不統至中列節
此云先設醯綽之次 次上脫以字各本有

特牲以一有醢　一有二字殿本倒

注先設醢綪之以次也節

決上三牲之脯祭之　脯殿本改肺字

贊者至祭之注壹壹至饌也節

注賛者優賓　者下脫至字各本有

知云賛者以告公　殿本刪云字校釋云知字衍

賓坐至不辭注賛者至優賓節

案大射禮公凡受於序端　殿本改作案聘禮公受几於序端九字

公受至鄉立注東帛至序端節
彼皆當楣再拜校釋云皆當爲君
但在楹西耳故賔在階西不負序校釋云耳故賔在階西六字衍不負
序下脫者字
退西楹西東面立注俟主至將降節
鄭意以庶羞黍稷是其正庶羞二字注疏本無似是
不以醬湆注不復至後用節
案特牲及士虞尸卒食取俎歸於尸三个三上殿本補釋字

有司至賓館注差者猶至釋故節

儀禮疏攷正卷二十五

儀禮疏攷正卷二十六

用鹿臡以下　下爬本作上校釋云用下似脫至字

上大夫至二俎注記公至無特節

牲列於門内　牲當從多本作生

不由不殺　校釋云下不當屬于

豆實至南陳注陳臡至作併節

以其戒具兩有　校釋云具當屬速

大夫至戒速注記畢至召之節

謂前期一日者　者殿本作也字

故知有三日之戒一日之宿　有詳校改作無今案或當是字誤

宿興戒之賓則從戒而來字　下注宿作夙字而上有者

記不宿戒注食禮至一日節

以天子具宮　宮各本作官此誤

司宮至自末注司宮至爲莞節

故卻會於敦南　校釋云敦南當爲簠西

簠有蓋冪注稻粱至作幕節

云左彤几殿本正字俱删云字

上大至夫純注謂三至純也節

所以食庶羞可也所以各本作以之與注合

上大夫至可也注於食至優賓節

覲禮於五禮屬賓正字賓下補禮字詳校云李氏集釋有禮字

據此彼而言疏文本不誤正字改彼為注非是

獻謂二享後行私覿

覲禮第十鄭目錄節

彼天子所舍平地之事地殿本亦爲日今案平地二字出掌舍職注日字非是

覲禮至再拜注郊謂至旌門節

知是司空非卿者校釋云非字衍今案疏意蓋謂此不言卿而言司空也賈疏恐非

案聘禮致館賓主人各擯入校釋云聘當爲周各下脫陳字今案聘禮無此

語蓋賈氏偶失檢耳

天子賜舍注以其至作錫節

故在大門外受次　大殿本亦爲廟是也

以其諸侯者無二祧殿本正字俱删者字今案周禮守祧疏亦云諸侯無二祧無者

字

此賓以帷爲次校釋云賓當爲實

諸侯至北上注言諸至同姓節

取裨陪之義　衰冕以下皆爲裨　故云其餘爲裨校勘記云疏內除云裨之外凡裨字疑皆當作埤則此三裨字皆當从土案其餘爲埤首單疏从土故云其餘爲裨从衣必有一誤

是以鄭注司服云諸侯自於其家則降案司服注無文殿本自下補祭字

知祧則祝藏其幣祧正字改為既校勘記云要義正作既

侯氏至于禰注將覲至爲繞節

封玉路金路象路之等天子諸侯之制也封殿本正字改為對

校勘記云要義正作對

乘墨至有繅注墨車至爲璪節

故言戀禕衣言戀二字殿本正字俱倒校勘記云要義亦倒

天子袞冕負斧依注袞衣至侯見節

此又不見謁告之辭校釋云又當為文

擯者謁 注謁猶至其升節

云侯氏坐取圭則遂左降者殿本刪降字是也

侯氏至乃出注擯者至進也節

儀禮疏攷正卷二十六

儀禮疏攷正卷二十七

又聘禮經夕幣時皮則左首　左殿本據經改作北

案郊祀特云　祀特當從各本作特牲

彼諸侯國王爲祫祭而致之　殿本倒王爲二字正字改國爲因今案尋釋文理浦說似優

而則前謂公者　汲古閣本倒則前二字

四享至所有注四當至致之節

至覲禮受享皆無迎法　校釋云禮下脫受贄二字

亦有聘及公卿大夫之事也聘殿本改爲幣

侯氏至隨之注王不至益臣節

得非罪之事也得非殿本改爲有得二字詳校云似不若本文今案士喪禮兆基無有後艱鄭注云兆域之始得無後將有艱難乎亦加得字解之事

乃右至聽事注右肉至無咎節

因伯華正字下補叔向二字

諸公至是右注言諸至氏也節

必以之償後略言者此句有誤校釋云之償當爲償退似未確

使者至如之注既云至遂言節

彼對文則例校釋云例當爲別

若也據文校勘記引許宗彥云若據他文之譌

案下曲禮東西二伯不問同姓異姓皆稱伯父殿本考證吳氏紱云異姓焉得有稱伯父之理顯與曲禮原文不合但此賈氏失解非寫刻之譌未便遽改也

惟據此禮而云伯父而言上而字殿本改爲所正字云而當衍文

同姓至叔舅注據此至而言節

亦以侑幣之禮致之侑殿本改爲酬

食燕公之禮殿本刪公字校釋云公當爲謂今案或當爲云形近之譌

見王有故以幣之禮致之殿本幣上補侑字

饗禮乃歸注禮謂至一燕節

則合者合諸侯也校釋云下合似當爲會

殷見四方四方四方四時分來四方陳本不重與注合

若以十二歲王巡守總合朝服校釋服上加五字屬下讀今案服似當爲覲

不得獨在廟在壇朝校釋云獨當爲同今案獨字未誤在廟二字似當羨文

通堂上二丈四合九丈六尺也四下脫尺字各本有

此樂解得名方明神之義也樂殿本作約正字云行字挍勘記云要義作鄭今案樂或當爲欲字神字疑衍

司盟司愼不敬者盟司察明者要義作司愼司不敬者司盟司察盟者殿本作司愼察不敬者司盟察盟者

則是謂王巡守及諸侯之盟祭也者殿本刪者字是也

以其與宮同也校釋云與當爲爲

殷國此王有故不行諸侯同來校釋云此當爲是今案或當爲據

此文言者　文殿本改爲不字

皆升堂授王　王各本作玉

　諸侯至其上注四時至侯也節

北面詔盟神　盟殿本改爲明

　方明至方圭注六色至著之節

注王既至作傳　傳當爲傅注疏本不誤

以其面位同　校釋云同上脫不字

　四傳擯注王既至作傳節

長尋曰辰　辰汲古閣本作鹿與爾雅合

言一者　一各本作二此誤

天子至方明注此謂至祝號節

天子春率諸侯拜日於東方　方彼注作郊

則有祀日與四瀆及山川之事　閩本與作月正字改日爲月校釋日下補月字今案閩本於文理較勝

故月同配北方　校釋云月上脫與字

引詩者曰明　曰各本作日似是

定元年二月孟懿子會城成周　二疑當作正

禮日至門外注此謂至信也節

各隨方西祭之　西各本作向正字改爲而

又云大宗伯職日以實柴祀日月星辰者　上日字各本作曰

案祀典歲二月東巡守至於岱宗柴　祀殿本作舜校勘記云段玉裁校本作堯典

皆正祭之神　校釋云之當爲天

諸侯以山爲主　山下各本有川字

祭天至地瘞注升沈至作瘞節

力乃釋於地　各本無力字此衍

此繅謂韋衣木版　各本韋上有以字與聘禮記注合

彼所以繫玉固著也　各本固上有使字

奠圭于繅上節

儀禮疏攷正卷二十七

儀禮疏攷正卷二十八

喪服第十一

段氏玉裁古喪服經傳無子夏傳三字說（經韻樓集）云：經典釋文、唐石經初刻皆云喪服經傳第十一，無子夏傳三字。今各本皆作喪服第十一子夏傳，非古也。蓋淺人增此三字，因則去上文經傳二字耳。賈疏曰：傳曰者，不知是誰人所作，人皆云孔子弟子卜商字子夏所爲。案公羊高是子夏弟子，公羊傳有云者何、何以、曷爲、孰謂之等，今此傳亦云者何、何以、孰謂、曷爲，弟子印本前師，此傳得爲子夏所作。玩賈氏此語，知賈氏作疏時古經未嘗有此三字，賈氏因人言而傳會之，要亦未嘗妄增於古經傳標題也。自唐石經改刻增竄，遂使古人意必之辭成牢不可破之論矣。阮氏元校勘記亦云：隋書經籍志馬融等注喪服，其題皆曰喪服經傳，則此四字乃舊題也。胡氏匡喪鄭目錄校證略同其疏張氏錫恭喪服鄭氏學曰禮經者通部大號喪服者分篇支目馬氏等單解喪服拔以經傳題之鄭君通解全經拔只標題篇目以在全經中也他篇無傳者不稱經則此有傳者自不合稱經傳阮氏以喪服經傳為舊題未必然也今案他篇既無傳何必稱經張說未免牽強但其黜經傳二字為非鄭君舊題則可從要之單疏此題於諸本為優

劉向別錄第十一

孔氏廣林通德遺書所見錄云劉向二字衍文臧氏庸輯三禮目錄云蓋儀禮中軼刊監本者取通解續校補而通解續載鄭目自喪服至特牲皆無篇次監本依士冠禮疏補因誤加張氏錫恭云此篇引別錄如名氏著賈氏曰喪服一篇凶禮之要是以南北二家章疏甚多此諸事疏喪服者也既事疏喪服者多必有引此而加名氏者賈疏蓋因之而未刪也又云

胡氏歸過於監本，殊誤。士冠禮疏亦不著劉氏名，胡氏謂依士冠禮疏補，亦誤。今案胡氏培翬儀禮正義略引藏疏而没其名氏，張君實駿拜經而誤歸諸胡也。

本數未聞 本注疏本俱作大，挍勘記云大字是。張氏錫恭云禮器注作本，與單疏合。今案注疏本誤，單疏不誤。

有天子諸侯卿大夫士之喪服 服，殿本作禮。案禮服二字蓋互言之。雜記大夫爲其父母兄弟之未爲大夫者之喪服，注云今大夫喪禮逸喪下本有服字殺賜惠氏棟校宋本無記是其證。服字雖不改可也。今籍疏義，蓋謂今禮未亡之時，有天子以下喪服，其篇各別，今皆亡，唯有士之喪禮在哉。據此篇總包天子以下服制之事哉。下云不尊據士。不杖期章、緦麻章疏皆云喪服乎文皆士若非士則顯其名位是也鄭氏珍儀禮私箋乃曰賈氏云士總包天子以下服制之事唯得經旨而謂劉芳云此乃士之正禮含有天子諸侯卿大夫之事駮劉芳禮議爲非不知劉賈二疏語異義同劉又云其中時復下同庶人者皆別標顯其名位是其服絡通也精如遵義未免無事自擾耳

是心喪三年未有服制之明驗也吳先生承仕云王肅以亮陰爲信默某氏傳亦然杜預主天子國君既葬而除既用王說又以遏密爲心喪賈疏殆陰用魏晉間之通義也

故鄭注云白布冠爲喪冠又案曹氏元弼禮經校釋云白布以下八字衍

是也

春秋左氏傳魯昭公出居乾侯至喪人其何稱此公羊昭公二十五年傳文稱左氏傳誤

所以苴其內見諸外苴殿本作首是張氏錫恭云聶氏三禮圖引此作首間傳正作首

下又云斬衰三升三升半此蓋用下記文校釋屬上讀云閒傳不言三升半疏增成其義誤

斬有二義不同通解續作斬有二有正有義今案注疏本作斬有正義不同亦通

三年齊衰惟有正之四升冠七升以此而言齊衰四章俱無降服乃下杖期章疏云降服齊衰四升冠七升正服齊衰五升冠八升義服齊衰六升冠九升顯與此皆

不杖齊衰期章有正有義二等祖父母下疏云此章有降有正有義大夫之適子爲妻下又云凡大夫之服例在正服後今在昆弟上者以其妻本在杖期直以父在爲主故降入不杖章是以進之在昆弟上也俱是此章有降之證但降之與正升敘不異則或疏謂之二等也

爲夫之昆弟之長子殤盧氏文弨儀禮注疏詳校長子倒作子長是盧云從監本正今案監本亦作長子殤殤記云陳閩通解俱倒

衰冠如上釋也張氏錫恭云大功正服衰八升上所未釋此疏亦略之

皆冠七升而已案下記總衰冠八升此疑誤

小功亦有降亦有正有義如前釋張氏錫恭云小功正服衰冠同十一升詳記

云鄭氏者鄭氏注三字疏於首篇一解餘皆不見惟此重釋之者亦所謂南北二家章疏貫氏多襲之故也

又在傳下注皆皆閩監毛本作者是此乃傳寫之誤按與記云皆屬下句恐非

或有解云前漢以前云傳後漢以後云注案禮記題疏云皇氏以爲自漢以前爲傳自漢以後爲注與此或解大同

喪服第十一節

更見斬義也詳校引浦氏鏜十三經正字斬改爲期校釋作斯今案此正合齊衰冠纓用布而言亦是上文斬齊先後作文有異之義斬字未誤

是以衰設人功之疏經又言麻之形體浦氏鏜云沒誤設從下疏校今案下疏衰章疏云爲父衰極直見深扁之斬沒人功之麤今本沒上衍不字說詳下校勘說引段氏玉裁校本設作說尤非下疏又云斬衰經不言麻則此又字以當爲不

又見經去之麻狀貌之麻注疏本俱倒似是

喪服至屨者節

總號爲衰通解續上有然衣亦三字校釋補此衰則以上衣六字今案李如圭儀禮集釋云綴之於衣因統名此衣爲衰文理最順

案問喪云斬衰貌若苴齊衰貌若枲之等問喪誤當作閒傳齊衰三年章疏正引閒傳

服齊苴惡齊注疏本作亦是

案士冠禮緇布冠增通解續下有鈌項二字蓋據冠禮

大夫以下大帶用素校釋云下當爲上是

天子朱裏終裨以玄黃終裨下校釋補以朱綠諸侯不朱裏亦終裨以朱綠大夫

裨垂十八字今案玉藻云天子素帶朱裏終辟而素帶終辟大夫素帶辟垂士練帶率下辟注而素帶終辟謂諸侯也士冠禮疏引直作君辟字皆作裨玉藻又云雜帶君朱綠大夫玄華注華黄色也是玄黄大夫飾非天子飾此疏有脱誤可知

裨下末三赤用緇

赤注疏本作尺是

雖云女鞶絲以絲爲帶

張氏錫恭云內則注鞶小囊盛帨巾者疏此是鄭義若服虔杜預以鞶爲大帶是鄭義不以鞶爲帶也此疏誤引

以經表孝子忠實之心衰明孝子有衰摧之義

賈氏儀禮疏序云鄭注喪服引禮記檀弓云經之言實也明孝子有忠實之心故爲制此服焉則經之所作表

心明矣而黃氏妄云衰以表心絰以表首以黃氏公違鄭注黃之謬也黃氏名慶齊信都人所著儀禮章疏舉大略小經注疏漏猶登山遠望而近不知案黃氏章疏唐志陸氏釋文均不著錄

注者者至用布節

經中有此二言經大揭此二二字當倒言當作苴殿本言改作者恐非

以其首經圍九寸至何假盡言喪服小記孔疏云凡差之法皆以五乘母既說納子餘分以為積數然後以寸法除之首此之謂也甄鸞五經算術又云五分減一者以四乘之以五除之置斬衰之經九寸以四乘之得三十六為經實以五除之得齊衰之經七寸五分寸之一以母五乘經七寸得三十五內子一得三十六以四乘之得一百四十四為實以五乘下母五得

二十五爲法除之得大功經五寸二十五分寸之十九以母二十五乘經五寸得一百二十五內子十九得一百四十四以四乘之得五百七十六爲實以五乘下母二十五得一百二十五爲法以除之得小功經四寸一百二十五分寸之七十六以母一百二十五乘經四寸得五百內子七十六得五百七十六又以四乘之得二千三百四爲實以五乘下母一百二十五得六百二十五爲法以除之得緦麻之經三寸六百二十五分寸之四百二十九案此與鄭術繇異而心同但其便捷則固當推鄭爲優

又案變除削之使方者取母象地故也聶崇義三禮圖引變除使下有下字張氏錫恭云司馬氏書儀爲母上圜下方蓋本於此

有此七者荅有義意挍勘記引浦氏云荅當各字之誤字棄屬而上引讀此誤有

即下傳云何爲而可爲人後者同宗則可爲人後挍釋云上爲字當爲如二人字俱當爲之者字衍皆據下傳挍

云孰後者不問比類挍釋云不疑當爲亦

此庶童子非直不杖以其未冠首加免而已挍釋云杖下脫幷不免三字冠下脫杖者亦三字今案問喪孔爲云童子不當室則不得免及杖據彼而言書挍固是但童子不當室與不禮無正文評賈意蓋謂童子當室則免而杖不當室則免而不杖故云首加免而已不得據孔而決賈也

此亦謂童子婦人喪服小記婦人不爲主而杖者姑在爲夫杖疏云鄭義唯謂出嫁婦人禮也若成人婦人在家爲父母雖不爲主亦杖若在夫家唯爲主乃杖故爲夫與長子雖不爲主亦杖若餘非爲主則不爲杖小記又云女子子在室爲父母其主喪者不杖則子一人杖注女子子在室亦童子也成人正杖也疏云喪大記云士之喪三日婦人皆杖注云婦人皆杖謂主婦容妾爲君女子子在室者也故喪服傳云婦人何以不杖亦不能病也是爲鄭學者則謂爲童子婦人不能爲父母杖也而難鄭者云鄭以婦人不杖唯謂童子婦人然童女未嫁何以得稱婦人又喪服傳云童子何以不杖不能病乃云婦人何以不杖亦不能病明知婦人非童子也故賀循等以爲婦人不杖謂出嫁之婦人不爲主則不杖其不爲主而杖者唯姑在爲夫杖故此記特明之張氏錫恭云貫

氏此說出自鄭學之徒是也

女子子嫁及在父之室及詳校作反似是

則七升已上故灰矣徐氏乾學讀禮通考故改爲固今案或當爲加字

見諸侯之臣爲其君之禮雜記孔疏云周禮宮正注引此記雜記云大夫居廬士居堊室則是大夫以上定居廬士以下定居堊室此云朝廷之士亦居廬與彼不同者尋鄭之支意若與王親者雖云士賤亦居廬則此云朝廷之士亦居廬是也若與王無親身又是士則居堊室則此經士居堊室是也故鄭於宮正之注引此士居堊室證賤者居堊室也若與王親雖疏但是貴者則亦居廬也庾氏熊氏並爲此說熊氏或說云若天子則大夫居廬士居堊室則雜記言是也若諸

侯則朝廷大夫士皆居廬也邑宰之士居堊室宫
正之注是也今案賈氏此疏似用熊氏或說
若正士則枕草衰則縷三升半成布三升與雜記注士大夫爲父服異者麤衰斬枕草孔疏云大夫以上斬衰枕凷士則疏衰枕草與此正合下記衰三升有半注或曰三升半義服既夕記寢苫枕塊並不謂大夫禮左傳釋文又引王儉云夏枕凷冬枕草別是一義
雜記所云齊晏平仲爲其父麤衰斬枕草記下浦氏補注字今
案此左氏襄十七年傳文鄭注雜記引之
喪大記云水漿不入口三日之後乃始食喪大記與此語問喪

云親始死水漿不入口三日不舉火檀弓云水漿不入於口者三日杖而後能起皆與此微異案下曾子有母之喪云云云出檀弓則此或亦用檀弓文

依公羊傳云天子九虞諸侯七虞大夫五虞士三虞

公羊文二年傳何注云虞祭天子九諸侯七卿大夫五士三疏云自諸侯七以下雜記文其天子九虞者何氏差之耳明此非傳文可知

服七升冠

盛氏世佐儀禮集編云喪服變除之例初服衰裳三升冠六升者練後當服七升衰裳八升冠此云服七升冠蓋誤校釋云謂服前冠七升之布耳今案曹說爲是

傳曰至無時節

又夏殷之士無爵周之道爵及命士士冠禮記死而諡今也古者生
無爵死無諡注殷士生不爲爵死不爲諡周制以士無爵是賈所本

至項後交過兩相各至耳於武緌之張氏錫恭云讀禮通考引疏於
作爲如此則武字句絕爲武上屬爲句此以上釋注通屈一條繩爲武也緌之至結之釋注垂下爲
纓也下仍釋注著之冠也且纓武既同材自不得以他材緌之於武作爲是也今案疏意蓋謂從頷
上約之至項後交過者爲武其兩相各至耳著是武之餘與武同材而異名故曰於武緌之且斷武
字爲句而以緌之下屬則當見所緌者文乃具亦如上衰緌之於心也故既夕記疏亦云以一繩從
前額上以兩頭鄉項後交通至耳各綴之於武使鄉下纓結之張說非是

舊穀既升　既下脫沒新穀既四字各本舊作新亦通

大祥除衰之際　張氏錫恭云際當作祭衰服小記曰除成衰者其祭也朝服縞冠

案大戴禮云大功已上唯唯小功以下額額然　詳校云疏所引大戴禮今皆闕

冠廣二寸　張氏錫恭云聶氏三禮圖引賈疏作三寸亦溫公書儀斬衰冠服用古禮而述冠制亦云廣三寸讀禮通考引通解續言五服冠之廣狹皆同亦云廣三寸今通行本三作二後漢書輿服志記竹皮冠制亦云廣三寸疑賈疏本作冠廣三寸作二者乃傳寫之誤惟廣三寸故可容三辟積也今案張說是

辟積無殺按毛記云殺通解作數今案檀弓注云今冠橫縫以其辟積多多即無數此作殺誤

依算法百二十斤曰石至揔二十兩曰溢喪大記疏云古秤有二法案律歷志黄鍾之律其實一龠合龠為合則二十四銖合重一兩十合為一升升重十兩二十兩則米二升說左傳者云百二十斤為石則一斗十二斤為兩則一百九十二兩則一升為十九兩有奇今一兩為二十四銖則二十兩為四百八十銖計十九兩有奇為一升則揔有四百六十銖八絫以成斛張氏云正義則作正減氏四百八十銖唯有十九銖二絫在是為米一升二十四分升之一此正與說左氏者合五經算術又云置一斛米重一百二十斤以百二十斤以十六乘之為積一千九百二十兩以溢法二十兩除之得九十六溢為法以米一斛為百升為實實如法得一升不盡四升與法俱再半之名

曰二十四分升之一爲法三十斤曰鈞四鈞曰石
石有一百二十斤也所以名斛爲石者以其一斛
米重一百二十斤故也說見上○爲升取三十兩既
夕疏無升字此行一銖爲十參參挍勘記云毛本
作纍陳閩監本俱作絫絫纍古今字參著絫之誤
直取二百四十銖既夕疏下有分字得十銖四字此
似當照補有四銖八絫正今既夕疏上有餘字分得
十九銖既夕疏下有二絫將十九銖六字此脫一
兩添十九兩既夕疏上有以字抱二十兩曰盜陸
氏擇文云鄭云二十吟銖今下嘶兩曰溢射慈同王
齋劉逵袁準孔倫葛洪皆云滿手曰溢今案小爾
雅云注太卄平御覽鬷子八百一手之盛謂之溢與王肅
同

若然則以門爲中門殿本以下補寢字似是

云謂所塋室者　謂所注疏本倒是

案雜記云天子七月而葬九月而卒哭雜記無此二句賈氏蓋差

次言之案天子七月而葬王制文

注盈手至異數節

儀禮疏攷正卷二十八

儀禮疏攷正卷二十九

則妾於君體敵 殿本體下補雖不二字

父節

經云繼祖即是爲祖後 至然後爲長子三年也 喪服小記庶子不爲長子斬不繼祖與禰故也疏云鄭注喪服云此言爲父後者然後爲長子三年則是父之適子即得爲長子三年此經云必爲父適祖適乃得爲長子斬者但禮有適子者無適孫雖己是祖正若父猶在則己未成適未成適則不得重長重長必是父没後者故云爲父後者然後爲長子三年也今案孔疏適足與此相成

小記曰不繼祖與禰至直言祖舉尊而言也譙周五經然否

通典八十八云小記但別庶子而不言不繼祖者謂庶子身不繼禰故其長子為不繼祖合而言之也劉智釋疑引通典亦云父之重長子以其當為禰後也其所繼者於父則禰於子則祖也而虞喜廣林引通典難譙周乃曰禮文三發二言繼祖一言連禰如但繼禰則應三年何緣須祖煩而失要合子於父舍經說迂非事實也然則繼祖者必繼禰繼禰者不必繼祖今連禰於祖以己繼之是繼祖者得三年繼禰者不得也至於連禰於祖以別高祖之祖故因禰以繼祖別嫌也庾蔚之駁引記云若直云不繼祖恐人謂據庶子長子死者之身不繼祖故更言不繼祖與禰故明死者之父不繼祖與禰非據死者之身又引通典云若據長子身不得云不繼禰也必須身承祖禰之正乃得服長子新者以尊

加卑異於卑加尊也劉智分此不繼祖與禰之言以爲庶子不繼禰故其長子不繼祖書記未有此連言之此且庶子不繼禰其子居然不繼祖矣賀氏要記通典又云庶子父雖没猶不爲長子三年以己不繼祖也是亦明己身繼祖乃得爲長子斬也既義由於繼祖則不必須云及禰或者疑祖之言是道庶子之長故此記特言不繼祖與禰以明據庶子言之也今案此中小記但言共廟之義至其所不繼祖禰者何人則未曾賈君然據上疏適子死後乃立適孫乃得爲長子三年言之其謂庶子身不繼祖與禰非謂其長子自明矣賈氏殆用虞庾成說而不顧自之蓋晉宋以降之通誼然也

鄭前有馬融之等解爲長子五世至而云不必而已

也喪服小記孔疏云馬季長注喪服云此爲五世之適父乃爲之斬也庾氏云用恩則禰重用義則祖

重父之與祖各有一重數至已承二重而爲長子斬若不繼祖則不爲長子斬也隸譯通共殽引不廢錄說如庾氏此言則父適二世承重則得爲長子三年也而鄭不明言世數者鄭是馬季長弟子故正言相非故依違而言曰不以也通與惓八又云漢戴聖聞人通漢皆以爲父爲長子斬者以其爲五代之嫡也馬融注喪服經用之鄭玄注小記則以爲已身繼禰便得爲長子斬自後諸儒皆用鄭說今案賈氏此說亦出自鄭學之徒可知

若然雖承重不得三年有四種　至立適孫爲後是也

喪服小記孔疏禮爲後者有四條皆不爲斬何者有體而不正有正而不體有傳重而非正體有正體而不傳重是也體而不正廢子爲後是也正而不體適孫爲後是也傳重非正體庶孫爲後是也

正體不傳重適子有廢疾不立是也四者皆期悉不得斬也唯正體又傳重者乃極服耳又與此疏合

注此言至共廟節

彼云後大宗者校釋云云上脫注字後當爲謂者字衍張氏錫恭云此指爲人後者爲其父母節傳文也彼字上下疑有脫文今案齊衰三月章注云宗子繼別之後百世不遷所謂大宗也則此後大宗者四字蓋隱括彼注言之然則諸說似未可從

爲人後者節

言謂妾子得後人此及下齊衰三月章疏言謂舊君爲之二言字殿本俱作嫌未知何

三

青心閣

據

妻謂死者之妻即後人之母也詳校後人作爲後者云此與上後人義不同而相混其義亦不顯當從通解改下於後人亦當作於爲後者今案通解引疏多如刪潤文義雖暢而必謂疏文本如此作則不盡然也

傳曰至若子節

至於妾之尊夫與臣爲異爲各本作無通解同張氏錫恭云李氏集釋隱括疏文云與臣不異則作無字爲是

注妾謂至亦然節

論女子子爲父出及在室之事及殷本改作反詳校云或出及當是及反今案疏意謂自此盡爲父三年論女子子爲父有二事一曰在室即此女子子在室是一曰出即下文嫁反在父之室注云遺喪後而出既虞而出既除喪而出是爲父室既有二事故云及逮焉諸説俱非

亦得爲父服斬也校釋云斬下既杖字未成人者但得服斬不得杖張氏錫恭云此與成人而逆降旁親者對言也曹説恐未必然

女子至爲父注女子子至許嫁節

案喪服小記云婦人帶惡笄以終喪今本小記無帶字段氏玉裁小

記齊衰惡笄帶以終喪説（[illegible]集[illegible]卷[illegible]三）云帶字自唐石經以下各本無今依注疏補正注曰笄所以卷髮帶所以持身也婦人質於喪所以自卷持者有除無變所以據注是經有帶字在惡笄之下孔氏正義曰婦人質笄以卷髮帶以持身於其自卷持者有除無變要經及笄不須更易至服竟一除是孔本亦必作惡笄帶矣儀禮喪服經云布總箭笄疏引喪服小記云婦人帶惡笄以終喪士虞禮説首經不説帶疏引喪服小記齊衰帶惡笄以終喪氏所持之經帶在惡笄之上似有不同而有帶則同今案或據今本小記刪此帶字失之

是箭篠爲一也　金氏曰追儀禮經注疏正譌云箭下脱笄字之誤一今案金依通解校恐未然説見上

髽有二種至即此經注是也喪服小記云男子免而婦人髽疏云髽者形有多種有麻有布有露紒也其形有異同謂之髽也今辨男女並何時應著此免髽之服男子之免乃有兩時而唯一種婦人之髽則有三別其麻髽之形與括髮如一其著之以對男子括髮時也前云斬衰括髮以麻則婦人于時髽亦用麻也何以知然案喪服女子子在室爲父髽衰三年鄭玄云髽露紒也猶男子之括髮斬衰括髮以麻則髽亦用麻以麻者自項而前交於額上卻繞紒如著幓頭焉依如彼注既云男子括髮男子括髮先去冠纚用麻婦人亦去笄纚用麻故云猶也又同云用麻不辨括髮髽髻字誤作形異則知其形如一也以此證據則知有麻髽以對男括髮時也又知有布髽者案此云男子免對婦人髽男免既用布則婦人髽不容用麻也是知男子爲母免時則婦人布髽也又

若成服後男或對實必踊免則婦人理自布髽對之知又露紒髽者喪服傳云布總箭笄髽衰三年明知此服並以三年三年之內男不恆免則婦人不用布髽故知恆露紒也故鄭注喪服云髽露紒也且喪服所明皆是成服後不論未成服麻布髽也何以然喪服既不論男子之括免則不容說女子之未成義也既言髽衰三年益知恆髽是露紒也又就齊衰輕期髽無麻布何以知然案檀弓南宮縚之妻之姑之喪夫子誨之髽曰爾無總總爾爾無扈扈爾但戒其高大不云有麻布別物是知露紒恐名髽也又案奔喪云婦人奔喪東髽鄭云謂姑姊妹女子子也去纚大紒曰髽若如鄭旨既謂是姑姊妹女子子等還爲本親父母等唯云去纚大紒不言布麻當知期以下無麻布也然露紒恆居之髽則有笄何以知之案笄以對冠男子在喪恆冠婦則恆笄也故喪服婦爲舅姑惡笄有首以

髽鄭云言以髽則髽有著笄者明矣以兼此經注又知恆居笄而露紒髽也此三髽之殊是皇氏之說據彼疏言之皇氏謂五服之中備具三髽者唯有齊衰婦人爲母而已蓋男子爲母將小斂去笄縱著素冠視斂投冠而括髮以麻俱與爲父同婦人爲母於是亦當髽用麻一也尸出堂子拜賓男子不復括髮乃著布免則婦人亦當布髽二也成服後男不恆免則婦人亦不用布髽而用恆露紒三也其斬衰婦人則有麻髽露紒髽而無布髽齊衰輕期又以麻髽唯有露紒大功已下并露紒而無之矣沈氏形儀禮小疏乃云三髽之說發於皇氏頗得經意但云齊衰期以下初喪之髽無布則非不知皇云輕期髽無麻布沈氏但舉無布爲非何耶沈又云至齊衰期成服之髽布總榛笄又自爲一蓋實四髽而二種也是又以斬衰麻髽齊衰布髽并斬衰成服之露紒爲三而缺增齊衰成服

之髽並非皇誤故張氏錫恭駁沈云成服之後髽皆露紒齊衰之所異者笄之櫛也榛也總之長八寸也而髽非有異也髽惟三種皇氏不可易也今案賈氏此疏亦分未成服之髽與成服後之露紒爲二是與皇氏不相違而相成矣攷小記孔疏又曰今考校以爲正有二髽一是斬衰麻髽二是齊衰布髽皆名露紒必知然者以喪服女子子在室爲父箭笄髽衰是斬衰之髽用麻鄭注以爲露紒明齊衰髽用布亦謂之露紒髽也雖與皇氏乖違故曹氏校釋從之爲之說云注露紒也下有脫文大紒謂其用於未成服時者猶男子之括髮皇氏賈氏所據本皆有此句故其釋鄭注義皆與今本抵牾孔氏所據本無故引皇說而駁之皇引注文爲孔所刪節此疏述注又爲後人據孔本改故文皆與今本注同而義則與所述不合曹氏箋釋疏文固屬嚴當但其疑鄭注有二本不同則未免疑所

不當疑矣又案下䟽中小記男子免而婦人髽云此免既齊衰以下用布爲免則髽是齊衰以下亦同用布爲髽則又與皇氏齊衰輕期髽無麻布着異

男子髻髮與免用布有文髻當作髺下男子髺髮婦人髽同

古之括髮其髽之狀亦如此校釋云其當作與今案括髮以外物爲名髽以內物爲名則括髮必有髽其字雖不改可也

斬衰至緦麻皆冠如著幓頭校釋云如上脫不字今案上文云免舊說以爲如冠則冠制亦當如著幓頭曹說似非

又案下記云袵二尺有三寸三各本作五此誤

布總至三年注此妻至無祔節

吉時大夫士與妻用象與字浦氏改作之似是

故小記無折笄之法當記文故小記折吉笄之首是

也殿本删故小至記文十一字云蓋緣下下文故小記三字而誤衍浦氏同詳校小改作下記下補云字餘同張氏錫恭云小記言惡笄以終喪亦謂齊衰不杖期故云無折笄之法也此笄非衍故字上屬爲句惟當記文三字有誤弁有脫文今案當記文三字當是後人校語以爲折吉笄之首當記文並非小記本別記於旁傳寫誤與疏文相連也

傳曰總至二寸節

十五升首飾尊浦氏上補新服二字長釋云十五升疑衍入所不見入殿本作人校勘記引要義亦作人今案人字是

注總六至飾也節

嫁女在室爲父五升衰裳八升總校釋云在室二字衍今案上文云女子子爲父母既用榛笄卒哭之後折吉笄之首歸於夫家則未虞已前當仍在父家若然此女雖嫁亦可謂之在室耳

至受後受以出嫁之受上受字殿本改作虞是

以其外宗內宗及與諸侯爲兄弟者爲君皆斬雜記外宗

爲君夫人猶內宗也注皆謂嫁於國中也爲君服斬夫人齊衰不敢以其親服服至尊也喪服小記與諸侯爲兄弟者服斬注謂卿大夫以下也與尊者爲親不敢以輕服服之孔疏云雜記據婦人故云嫁於國中此據男子故得云異國是以鄭注云謂卿大夫以下惟謂男子賀循云以鄭二注不同故著要記以爲男子及婦人皆謂在國內者譙周亦以爲然故非鄭義今所不取也雜記疏又云此等內宗外宗熊氏云雖嫁在他國皆爲本國諸侯服斬也今依用之若賀循譙周之等云在己國則得爲君服斬夫人齊衰若在他國則不得也今幽存焉任賢者擇之今案熊賀諸說雖有所改異而以雜記據婦人小記據男子則同然一辭惟貫君於此及下不杖期章疏並以小記證成婦人服者未聞

明知女雖出嫁反爲君不降張氏錫恭云反字衍今業張氏於上疏既服齊衰後反被出下云反被出者反而被出也方居父喪反在父母家不知被經子嫁反在父之室據注有二事一是出而虞二是既虞而出張説惟於出而虞者相合其既虞而出者卒哭之後已歸夫家安得謂之反而被出耶張又見此疏無所謂反家遂刪反字以申其説皆未然也蓋兩反字俱虛用與出義別下不杖期章疏云其子後人反來爲父母女子子出適大功反爲父母姑對姪姊妹對兄弟出適反爲姪與兄弟大功皆其證

注謂遭喪至適人節

若然天子諸侯下公卿大夫殿本刪諸侯二字今詳疏意蓋謂天子諸侯下

皆有公卿大夫皆見周禮可證惟諸侯公卿無正文故又引典命以證之賈本以非

此諸侯下公卿　校釋云卿字衍下故以孤為公卿同下又云是以其孤為公無卿字可證

今業典命注鄭司農云九命上公得置孤卿一人疏云孤亦得名卿故近人云外有九室九卿朝焉是並六卿與三孤為九卿亦得名卿者以其命數同也曹校恐未然

故除其衆臣布帶繩屨二事　除金氏曰追依注及通解作降字是

公士至繩屨　注士卿至其正節

曲禮云大夫不名家相長妾　下緦麻章引同彙曲禮作國君不名卿老世婦大夫不名世臣姪娣士不名家相長妾賈引皆誤校釋云所見曲禮與今本不同似無確據

以世祿降校釋云降上脫不字似是

況其中兼畿外諸侯下卿大夫也校勘記云外當從陳閩作內今案賈謂傳云公卿大夫者兼天子諸侯而言其天子公卿大夫雖不世爵而得爲嗣君何況乎畿外諸侯下卿大夫世爵者也外字不誤下字汲古閣本作公校勘記云下公二字宜兼有之今案傳君至尊也注天子諸侯及卿大夫有地者皆曰君疏謂天子不言公與孤諸侯大國亦有孤則畿外諸侯下無公可知此無公字是

注室老至借也節

儀禮疏攷正卷二十九

儀禮疏攷正卷三十

爲君三升半麤衰　校釋云衰下脫斬字今案鄭注雜記云麤衰斬者其縷在齊斬之間謂縷如三升半而三升不緝也斬衰以三升爲正微細則屬於麤也彼疏云縷如三升半是麤衰不緝是斬而成布三升爲父之服也孔氏以三升半屬麤衰不緝屬斬分別釋之則此三升半麤衰不須言斬可知曹說非是

微細則得麤稱　校釋云麤下脫名字今案曹氏讀麤字句稱字屬下拔云爾不知稱字當上屬讀文義固完善下又云乃見麤稱未得法稱皆其證

直見深痛之斬不沒人功之麤　沒字殿本改作見今案據斬章疏衰沒人

功之疏言之此不字恐衍役字疏中常見不容有譌

斬衰先言斬者　至　衰裳既就乃始緝之通典卷七八引王肅曰疏以名縗輕乎斬也斬不同數麤可知也承裳以齊制而後齊也因縗以斬斬而後縗也胡氏正義云貫本於王也

直中三年之衰校釋云衰當爲衰今案此中三年麤衰對下不中斬而言衰字不誤

疏衰至年者注疏猶麤也節

則此爲母陰統於外故右本在上也張氏錫恭云通典卷七八孔倫曰右本在上爲母本於陰而統外也賈疏蓋本於此

傳曰至菲也注詁猶至異數節

若前遭父服未闋按要記云服要義作喪通解喪服二字並有

女年二十三將嫁按要記云將通解作而是今案此涉上而誤

況遭父喪在小祥之前校釋云父當作母似是

又服問注曰爲母既葬衰八升至乃申三年之驗是

三也服問注母既葬衰八升疏破八升爲七升謂既葬受時爲母衰七升引間傳爲母疏衰四升受

以成布七升爲謹又引熊氏云爲母既葬衰八升言父在爲母也今鄭注云爲父既練衰七升爲母

既葬衰八升矣又經云三年之喪既練皆爲父卒爲母今熊氏云父在爲母其義非也賈氏於此及

下不杖麻屨章並引服問注仍作八升且下疏又引閒傳受七升云據父卒爲母齊衰三年然則其承熊說可知曹氏校釋乃曰凡八升當爲七升服問正義已言之爲母齊衰不論父在父卒皆四升既葬受衰七升今案曹說非是服問正義既以父之既練母之既葬衰皆七升證經三年既練期既葬其節相同故不得不破八升爲七升以其經三年既練更有期之喪既葬故不得如熊氏說父在爲母仍作八升矣至其父卒爲母之爲七升父在爲母之爲八升則固是熊孔之所無異辭不得據彼而決此也

妄解則文說義多塗

殿本依通解刪義字校勘記云此八字當四字爲一句妄解則文者謂妄解經文則字之義也黃氏刪義字則七字作一句讀恐非

父卒則爲母注尊得伸也節

則不得立後而養他校勘記云通解他下有子字校釋云有者是

乃命之或養子是然詳校云此八字衍校釋云乃上脫長字然當爲母今棨曹説爲

優

此終其身下乃云如母死則喪之三年　云如母貴

父之命也者按勘記云傳文兩言如母疏俱屬下讀於文義未順宜俱屬上讀謂生養死喪

皆如母也今棨曾子問疏引此傳無如母貴父之命句則孔亦讀與貫同

傳所引唯言妾之子與妾相事者事殷本改作後今棨與妾相後於文

理不順仍作事爲是

傳曰至命也節

案下記云公子爲其母練冠麻衣縓緣下記重麻字士爲庶母緦麻章云士爲庶母上士爲庶母四字殿本删今案緦麻二字當置今脱其一也四字非義

不可言士之妾子爲其母校釋云可字衍似是

注此主至伸也節

斬章又云何以三年校釋云又當作亦今案或當作父字之誤

若然夫不敢降妻亦不敢降至不據夫妻也通典卷八十九馬融曰母不傳重無五代之義而隨父服三年從於夫也雷次宗曰父之重長以居正嫡之允當爲先祖之主故也母亦以此義而加崇焉夫父之服長以其仰述祖禰堂構斯荷母亦以其承夫嗣業三從是寄父尚不以大夫之嚴降祖禰之主母亦安敢以婦人之尊降所天之嫡故曰父之所不降母亦不敢降以父況母明父猶壓體母宜無嫌如舊曰妻從服則當云夫所不降妻亦不敢降今言父母者豈非自子而言也今案賈氏此疏殆用雷而黜馬也○夫不敢降上通解有當云二字今案二字見雷說是賈所本有者爲是

傳曰至降也節

故下降之義亦等 下字譌各本作不

注不敢至正體節

其冠同皆 者誤皆

案玉藻云其爲長中繼揜尺 浦氏據玉藻刪其爲二字校釋云涉下句衍

但吉時麛裘即凶時麑裘 吉時麛裘四字承先時狐短無裘可知下亦是檀弓

注文自案玉藻云至此論吉時中衣繼揜尺初表 中衣則不然之事

吉時中衣深衣目錄云 至不用布自此已下論吉時中衣用布采緣喪

中用布布緣之事自當與上分節吉時下脫本補 深衣即凶時五字以承上裘恐非不用布按此記

云不字疑衍文張氏錫恭云深衣疏引鄭目錄云士祭以朝服則中衣以布明矣此不字衍文無疑

不言中衣緣用采　緣上疑脫言時中衣四字

注問之至布縷節

喜怒衰樂好惡六情　衰字譌各本作哀

傳曰至之志也節

云妻至親也荅以妻至親　至故云至親也通典卷九八與己共承宗廟所以至親也陳銓曰以其至親故妻服同於母當次宗曰不直云至親而言妻者明其齊體判合之親以別至極之稱而言今案此皆賈疏所本

妻傳曰至親也節

若然至此經爲妻校釋云至字似當爲注以二字張氏錫恭刪至字案喪服小記云父在子爲妻以杖即位可是也殿本依小記作父在庶子爲妻以杖即位可也按勘記云此脫庶字

證經云天子已下至士庶人至故夫皆爲妻杖得伸也下大功章大夫之庶子爲母妻昆弟注大夫之庶子則父在也疏大夫庶子爲母妻得伸今但大功故知父在也嫌與此天子已下士庶人父在庶子皆爲妻杖背但下大夫之適子爲妻疏又云大夫之適子爲妻在此不杖章則上杖章爲妻者是庶子爲妻父沒後適子亦爲妻杖亦在彼章也反與

此相同蓋賈氏偶失檢蠹以致前後違互疏中此類非一也

注適子至庶子節

傳意以言出妻以恐當作以字

故雜記云有死於宮中三月不祭緇麻章傳云有死於宮中者則爲之三月不舉祭此引雜記恐誤孜雜記父母之喪將祭而昆弟死既殯而祭如同宮則雖臣妾葬而后祭孔疏亦引喪服傳證之

傳曰至私親也節

欲見此母爲父已服斬衰三年通典卷九十八馬融曰繼母爲已父三年喪禮

畢嫁後夫重成母道故隨爲之服繼母不終己父三年喪則不服也亦是賈疏所本

父卒繼母嫁從爲之服報節

不直云何以言世父叔父者　二父下浦氏並補母字張氏錫恭云疏不直云何以逗言世父叔父者句以傳不曰何以期也而曰世父叔父何以期故云然浦氏連句不逗以疑脱字非也今案浦氏增母字固非但其致誤之故似非關句逗也

明父爲一體也爲與二尊故加期也　浦氏父上增與祖二字尊下增爲體二字今案浦說似是校釋父下增子字不可從

云夫婦牉合也者　是夫婦半合　牉字前皆作片唯此作牉作半下是

半合爲一亦作半段氏玉裁夫妻牉合也說經籍纂詁淺云牉當作片作半合二體爲牉字此必俗字斷非經所宜有周禮媒氏掌萬民之判注曰判半也得耦爲合主合其半成夫婦也喪服傳曰夫妻判合據此則周禮作判鄭所據喪服亦作判然詳文義則鄭引喪服夫妻半合之文以證已合其半成夫婦之說淺人轉寫有所改竄耳儀禮貫疏單行本云是夫婦半合子亂生焉是半合爲一體也字作半繼母如母下云繼母配父即是片合之義慈母如母下云慈母非父片合父卒繼母嫁下云亦爲本是路人暫時與父片合字皆作片蓋貫氏所據禮文作片貫以半釋之故夫妻片合本條下兩言半合皆是易其字以釋經用周禮注之說也信如段說則此作牉合者亦是淺人妄改當作片字若是

不成為人人之子之法也　校釋云人之二字衍似是

傳曰至名服也節

在五服之內者　至齊衰三月章宗子是也　如為齊衰四字詳校改作五服之外皆來則宗之為之齊衰十二字校釋云當云如在五服外則為齊衰三月齊衰三月章宗子是也俱以下為人後者為其父母疏校今李女子子適人者為其父母昆弟之為父後者疏又云丈夫婦人五服外皆齊衰三月五服內月筭如邦人亦皆齊衰則此仍其舊但改如字為皆亦通

云為姑姊妹在室亦如之者　金氏曰追云姊妹二字誤衍錢唐鍾氏本鄭注亦然通觀上下兩節經注鄭于此節注云為姑在室亦如之于下昆弟節注云為姊妹在室亦如之

則此處衍姊妹者誤且下疏云義同于上姑在室也則此疏之誤蓋明矣今案金疏是也詳疏文於姑與姊妹分別釋之賈氏所持之本此無姊妹二字可知今有者蓋後人用別本注妄加焉

雷云不見姑者欲見時早出之義殿本時上補及字是下庶衆子疏又引雷說有及字雷氏蓋用下大功章注及將出者明當及時也

注宗者至如之節

此非身自尊受父之厭屈以降燕尊之妻殿本受上補以字屈下以字無尊之妻四字俱刪今案殿本改所不宜改者不可從

爲從父母昆弟是也詳校云母字衍是

比二者是出也　此譌比

注大夫至出降節

昆弟衆子及下昆弟之子者皆不發傳者　校釋云及下昆弟之子者七字衍今案疏以昆弟爲衆子及下昆弟之子皆無傳故云然其昆弟之子下今本有傳曰何以期也報之也九字者蓋後人因夫之昆弟之子傳文而誤衍耳攷彼疏標起訖亦無傳文是其驗

爲衆子注衆子至其首節

云長子在則爲庶孫耳者　則下各本有皆字與注合

故特爲祖斬　詳校云祖字衍校釋云當爲之

注周之至期也節

反來爲父母在者校勘記云在下疑脫此字似是

爲人後者爲其父母報節

次子慶父叔牙季友公羊莊二十七年傳云公子慶父公子牙公子友皆莊公之母弟也杜注左氏莊二年傳乃云慶父莊公庶兄彼疏申之云左氏先儒用公羊爲說杜以不然故明之賈氏於此未用杜解

齊衰三月章爲宗子之母妻是也詳校重宗子二字是

謂別子之弟校釋云別子下似脫一子字此用大傳注別子子弟之文也

遂廣中尊祖宗子之事也宗子上通解有以及二字校釋云有者是今案宗子
或當作敬宗

此學謂鄉庠序及國之大學小學之學士首學下各本補士字
是

文王之世子亦云學士詳校刪之字

傳曰至大宗節

對天子諸侯曰國采地大夫曰都邑校釋云采地大夫當乙爲大夫
采地是

春秋左氏諸侯下大夫采地亦云邑曰築都曰城校釋云當云春秋左氏諸侯之大夫采地亦云都邑邑曰築都曰城今案斬章疏云天子諸侯下公卿大夫則此下字似未誤

八命爲上公九命爲牧八命爲侯伯七命爲子男五命校釋九命下增六命二字七命下增四命二字是

又上祭別祖子大祖而不易浦氏刪別祖子三字校勘記云當作上祭別子爲大祖而不易今案此蓋用記別子爲祖文阮說爲是

注都邑至道然節

若然案雜記云與諸侯爲兄弟者服斬雜記當爲小記說見上

傳曰至服期也節

何須歸宗子傳言婦人雖在外必歸宗按嚴記云子下陳閩俱衍夏字張氏錫恭云夏字未必衍容子字下屬今案上下文未有稱子夏傳者則夏字衍文可知張氏此言殆千慮一失也

注從者至大宗節

儀禮疏攷正卷三十

儀禮疏攷正卷三十一

詩恭姜自誓不許再歸　栢舟序共姜自誓也陸氏釋文云共共音恭則此作恭誤當從各本作共

繼父同居節

亦名不同居繼父　校釋云名上脫不字今案疏之不同居者即是注之未嘗同居故此子實雖同居亦名不同居與未嘗同居者同文義固完不字雖不補可也

傳曰至異居節

下記云小功以下爲兄弟　子夏傳文

若祭法云庶人祭於寢也　祭法誤當作王制

注妻釋至服之節

但臣之妻　至欲明夫人命亦由君來　張氏錫恭云通典卷八十一吳徐整問曰經言爲夫人君不道爲其妻然則公卿諸侯之妻不爲皇后服耶射慈答曰皇后天下之母則宜服周禮君命其夫后夫人亦宜命其婦其受命則不宜無服據此則賈疏云明夫人命亦由君來者破射氏之說也

不直言夫之君而言爲者以夫之君而爲者　校勘記云下八字今本脫校釋云八字似可省今案曹氏近之

爲夫之君傳曰至從服也節

傳不言喪主者　至若無則里尹主之胡氏培翬云賈氏此說本雜記

傳曰至主者也節

若言嫁之嫁之乃嫁於大夫校釋云之嫁之三字毛本通解無似是

注無主至降之節

若君在則爲君祖父母從服期校釋云君似當爲父此但順傳文釋之今案下疏引鄭志云天子諸侯父在爲祖服斬與父卒爲祖後者同則臣皆爲君祖父母從服期曹校是曹氏又云祖字似衍者恐非

傳曰至者服斬節

則君之祖亦是廢疾或早死不立是以君之父受國於祖　校是釋云或早死三字疑衍受上似脫宜字皆似

注此爲至曾祖節

但並后四適至與婦事舅姑同也　通典卷九雷次宗曰今抑妾使同婦尊女君使同姑女君於妾不得同姑之降婦不降則應報所以不報者欲伸聖人抑妾之旨若復報之則並后之誡意無所徵故報之則違抑妾之義降之則有舅姑之嫌故使都無服無重嫌之責今案此及下節疏並本雷說

傳曰至姑等節

故自爲其子得伸遂爲服期也 下爲字諸字作而今案下公妾以及士妾爲其父母疏亦云妾爲父母得伸遂而服期也則作而字是

傳曰至遂也節

鄭兼言命婦 校釋云鄭當爲傳

大夫之子至於室矣節

大夫既爲兄弟殤 張氏錫恭云弟字衍今案弟當爲姊下小功殤章疏屢言兄姊殤是也

注命者至夫爵也節
案桓九年左傳云至書字者仲父母之尊公羊桓九年傳紀季姜歸于京師其辭成矣則其稱紀季姜何自我言紀父母之於子雖為天王后猶曰吾季姜何休注云明子尊不加於父母是鄭義所本此疏反引左氏杜注證之所謂金逕而就迋者通典捲七六引蕭君議曰天子所不臣三其一后之父母也天子尚有不臣者況於后乎春秋魯隱公二年紀履綸來逆女冬伯姬歸於紀又桓九年祭公來遂逆王后於紀九年紀季姜歸於京師或言逆女或言逆王后蓋義有所見也女雖嫁為隣國夫人其尊無以加於父母嫁於天子者此雖已女成言曰王后明當時之尊得加父母也紀季姜歸於京師更稱其字者得行禮而戒之其尊安可加父母耳是其證

注然則至明之節

此及下傳大功皆不言冠帶者盧氏世佐云傳當是碣字之誤是至正大功言冠見其正猶不言帶張氏錫恭云冠帶二字疑互誤

疏衰至受者節

是失地之君爲衛侯服齊衰三月校釋云衛侯當爲所寓今案式微孔疏引此失地之君云謂削地盡者此疏乃以削地盡者與被人追逐者相提並論則當與孔立異且此云衛侯昔或假如言之不必改爲所寓也

傳曰至同也節

女子子在室及女反在父室者　下女字疑當作嫁

注婦人至大宗也節

謂士大夫爲君杖則庶人不爲君杖斬則下同於民　詳校斬改作服今案當爲斯字之誤也又案檀弓注雖有官職不達於君則不服斬亦言斬則斬字上屬讀亦通

三月也

庶人爲國君注不言至如之節

而皆服衰三月故發問也　詳校衰上補齊字是　林誤作補　衰字今正　[illegible]

傳曰至未去也節

傳曰大夫越境逆婦非禮校勘記云婦公羊傳作女字凌曙云來內辭當作女今案下又云彼云婦此云女則疏本如此無疑諸本據公羊改作女以致轇轕不通不可從也

謂諫爭從臣浦氏作謂諫爭而從似是

注妻雖至無服節

案上下四經皆爲舊君不言國校釋云皆字似衍今案皆下當補爲君二字

此舊君又不言國者校釋云言國二字當重似是

正如爲舊君校釋云正如當爲上文今案正如二字總提四經以下言國不言國各分別釋

之曹校非是

舊君注大夫待放未去者節

故知對大夫下爲之服下字刪之浦氏移在大夫上校釋

曾祖父母爲士者如衆人傳曰至其祖也節

女子子有嫁逆降之理嫁上詳校補未字是

女子子至未嫁節

傳亦不敢言降其祖父母傳不言不敢降其祖者殿本刪不敢言降其祖父母傳九字校釋乃云上章爲祖父母本無降理不須言嫁不嫁故直云女子子

爲祖父母傳亦直言不敢降其祖不言嫁未嫁至此乃言者謂曾祖輕尚嫁者未嫁者皆不降況祖父母重者皆不降可知是擧輕以見重也今案此蓋賈君失檢加以後人傳寫繆誤不容從爲之辭也

注言嫁至所降節

以其本服齊衰斬斬詳校改作期張氏錫恭云齊衰者謂衆子以下斬者指長子也今案李寶之云此章皆齊衰以上之殤降而大功亦其意

大功至受者節

不止依以日易月而哭浦氏鏜云不止疑當倒殿本止作正

傳曰至不哭也節

故傳云蓋不成也各本作蓋未成人也段氏玉裁大功殤服章經不摎垂蓋未成人也說經韻樓集卷二云此謂殤之經不成以見不得耳不容再疊未成人句依單行疏本作蓋不成也爲長

則唯據父母於子不關餘親通典卷九十一范甯與戴逵書問馬鄭二義違答曰夫易者當使用日則廢月可得言易耳鄭以哭日准乎生者之月而謂之易且無服之殤非唯周親七歲以下也他親長中降而不服故傳曰不滿八歲以下皆爲無服之殤也如馬義則以此文悉闕諸服降之殤者若如鄭義諸降之殤當作何哭邪若復哭其生月則緦麻之長殤決不可二百餘日哭鄭必推之於不哭則小功之親以志學之年成童而夭無哭泣之位恐非有情者之所允也甯又難

遠曰傳云不滿八歲爲無服則八歲已上不當引此也尋制名之本意父之於子下殤小功猶有緦麻一階非爲五服已盡不以緦麻服之者以未及人次耳鄭氏珍云賈疏本范甯說是也

與縠物未熟故同入殤大功也殿本故同二字倒詳校與改作如今案與字或當依上疏作象

殤之朞親則以旬有三日哭詳校三作二今案期喪十三月而祥則以日易月之殤亦當旬有三日哭三字不誤

若然哭緦麻三月喪與七歲同校釋云緦麻二字似衍張氏錫恭云此與下七歲對蓋指始生三月者緦麻二字誤

注禰猶至庶也節

殤降一等在功校勘記云要義無殤字校釋云殤字衍功上各本補大字

叔父至中殤節

通屈一條繩屈之武垂下爲校勘記云屈之武聶氏作屬之於武通解作爲武屈字蓋屬字之誤通解作爲武與前注合爲下各本補纓字校勘記云聶氏通解俱有

其長殤至纓經注經有至無纓也節

此成人大功章輕於前殤章既略於此具言前殤章三字殿本重出今案此疑有脫文大略謂此成人大功章輕於前殤章故次之其冠帶殤章既略於此具言

大功至月者注受猶承也節

注此受之至禮也諸本作至喪也詳校云據此則注疏本元無古文依此禮也六字遂謂宋本天子諸侯以下在下注之下爲錯校勘記云鄭於經下注云受猶承也即載傳而釋之曰此受之下也經注與傳注一氣相承以下或釋經或釋傳皆發明受服之義此注之變例不必與他節同也今案盧氏依注疏本起說傅會爲說即以單疏證之則其惑自破無待環攻也

以其大功至葬唯有變麻服葛大各本作小是

證經大功既葬其麻經受以小功葛者校釋云小功二字衍今案經既云受以小功受故賈云受以小功葛且其葛經大小與小功初死同故可謂之小功也

大小與小功初死同大小金氏依通解作大功今案此謂經之大小金說非

若然經正三月者各本正下有言字

傳曰至十一升注此受之至禮也節

昆弟親爲之朞校釋云親字當在昆弟上張氏錫恭云但言昆弟則同父昆弟可知疏意

同父昆弟相親近則爲之朞也

從父昆弟注世父至如之節

案下記云爲人後者於兄弟降一等者故大功也張氏錫恭云兄弟非昆弟也疏誤引當引上傳降其小宗今案記大夫公之昆弟大夫之子於兄弟降一

等注兄弟猶言族親也疏云以下云小功已下爲兄弟恐此兄弟亦據小功已下得降故曰猶族親也則此兄弟及下文爲人後者爲兄弟皆非小功已下猶族親所容廣也賈氏蓋引彼說不可謂之誤也

傳曰至昆弟也節

儀禮疏攷正卷三十一

儀禮疏攷正卷三十二

單疏本自三十二卷至三十七卷並缺今從陽城張氏刻注疏本摘錄

名唯對姑生稱字是名上浦氏金氏俱依通解增姪之二

傳曰姪者何也謂吾姑者吾謂之姪節

則此夫所服朞不報限校釋云不下當有在字似是

傳曰至慎乎節

云謂弟之妻爲婦者至言不可也大傳孔疏云鄭注喪服與此注正合無相違也而皇氏引諸儒異同煩而不當無所用也今案所謂諸儒異同已爲孔所不采今無得而

聞也

何者以弟婦爲婦　至又使兄妻以子服服己夫之弟

校釋云己字似衍然此句兄上句於注文未合張氏錫恭云己字非衍疏以己當夫之弟而又以夫之弟釋己觀上文云又使妻又使兄妻可以知之矣此確與注文未合者也

注道猶至有別節

以其爲妻昆弟其禮竝同又於適妻君大夫自不降

其子皆得伸其爲至又於十一字浦氏刪今案君大夫適子父在爲母齊衰杖期爲妻不杖爲昆弟之爲大夫者同其爲士者大功其禮各自不同今爲母與妻昆弟同在大功與下適妻云云

共殺妾子自爲己母也浦説非

注公之至子也節

此傳云而降遂言不降者也此與下疏諸侯之子稱公子己下因尊同遂廣説尊不同之義也文正一例其義自明毫無疑竇浦氏乃疑有誤非

未悉公爲何人不降弟公不降子亦不降殿本弟上補適昆二字今案弟字虚用並非昆弟之弟謂雖公之不降未悉何人但公所不降子亦不降矣文義至睟浦氏又疑有誤所謂疑所不當疑者也

傳曰至降也節

故云皆互相見之義故也見字當移在互上

注 皆者至如之節

謂亦得與女君期者亦是與己子同故也校釋云當為亦得與己子同者亦是與女君同故也今案疏但順注文釋之曹校似未可從

注 下傳至亦期節

但下言二字及者謂妾自服其私親也九字摠十一

字戴氏震校儀禮集釋云據疏此說以為世父母叔父母姑姊妹十字為傳文以下言二字及者謂妾自服其私親也九字共十一字為鄭所加不知經既見為世父母叔父母姑姊妹十字傳不應重見

十字而絕不釋其意是二十一字通爲鄭注無疑
鄭氏珍乃云賈氏不計爲世父母叔父母姑姊妹
十字者以十字是鄭述經文故止計至於十字上
下所加之十一字朱子謂中包爲世至姊妹十字
是也戴氏亦未全明疏意賈何曾以十字爲傳乎

皆言其以明妾爲私親十字浦氏作皆言其以明之張氏錫恭但刪妾字今案妾
字或是賈氏偶失關會者

一人逆降一人合降不得合云二人是二人爲此七
人等逆降者是上當補知字疏意蓋謂難者云此女子子嫁者未嫁者一人逆降一人合降
不得將二人並提合論矣答云今知二人爲此七
人等降者與齊衰三月章女子子嫁者未嫁者爲

曾祖父母作文相同足以明之而此二人一爲合降一爲逆降揔謂之降固是然不得謂之逆降耳故曹氏云疏意重在逆降一邊故惟據上逆降言之然則其失正與上妾爲私親同詳校上二人改爲一人者下加也字皆非

傳曰至及時也節

今得在大夫科中者夫詳校改作功張氏錫恭云秦氏蕙田五禮通考引正作功

大夫至君者節

以諸侯絕旁服則大夫降一等服字詳校改爲期則字浦氏移在大夫下

校釋云則字衍

是公之子孫校釋云公下脫子字是是公子有封爲國君之事校釋云公子當爲子孫張氏錫恭云公子下脫之子孫三字皆通

以其與諸侯爲兄弟者雖在外國猶爲君斬衰此蓋用服小記熊氏說說詳前

傳曰至不敢服也節

以其公子公孫妣是別子校釋云公孫二字衍似是云則世世祖是人不得祖公子者云後世爲君者

祖此受封之君不得祀別子也者

張氏淳儀禮識誤云注曰不得祖公子又曰不得祀別子案釋文云不復扶又反復謂此二句得字誤也不得者禁止之辭也公子禰先君公孫祖諸侯于禮爲僭禁之可也其曰不得禰不得祖宜也若公子之子孫有封爲國君者則後世不祖公子人情然也何用禁爲不復云者蓋既祖此則不再祖彼焉爾經于上禰先君祖諸侯皆云不得于下止言不祖義可見矣今改二句之得爲復從釋文挍勘記云張說當矣但疏以則世世祖是人不得祖公子者兩句爲疊傳則得字者字宜俱屬衍文下句得字乃當作復爾釋文不云下同明注中止一復字今案注當作不祖公子不復祀別子審矣而疏引注如此作者既又云後人既改注併改疏然則上傳疏正云不祖公子謂不復祀別子也是後人改之未盡者

此鄭解義語義語二字殿本作傳語詳校作傳義今案此正承上疊傳文言之猶與上此不辭疏云此分別文句不是解義言辭一例似不容改

自諸臣之子巳下臣詳校校釋俱作侯是也

注不得至義云節

故云注亦云上云字殿本改作此

義服斬縷加三升半校釋云加當爲如是也

由繐而疏校釋云繐當爲細

謂漢時南陽郡鄧氏造布有名繐檀弓孔疏云漢時南陽鄧縣能作之

與此違

注治其至鄧繐節

不聘天子者即無服通典卷八邵戢曰禮諸侯之大夫會見天子者爲天子服繐縗七月案今綱紀雖或被除勅猶古諸侯之卿命於天子比耳會見北面時無二君之道宜依繐縗之制其與除勅又未嘗會見則宜無服沈氏彤張氏錫恭皆云此賈疏所本也

注接猶至可知節

自上以來皆帶在經下至拔與常例不同也喪服小記疏賀瑒云下殤小功男子經牡麻而帶澡婦人帶牡而經澡故小功殤章云牡麻經案此說前疏誤若依其次不

應前帶拔知前言男子之帶後言婦人之經也今案賈說似與賈別

小功至月者節

欲見下殤小功中有本是齊衰之喪下字疑衍

以一頭屈而反仰上合之乃絞垂案小功已下帶初而絞之故云然小記孔疏乃云屈所垂散麻上至於要然後分爲兩股合而糾之以垂下者似用大功已上初時散帶之制恐非褚氏寅亮儀禮管見謂孔較賈明實所未喻

其中無有大功之殤在小功殿本無改作兼近是

若然姑姊妹出適降在小功者以其成人非所哀痛

張氏錫恭云義多可疑姑以出降在小功者既無其人姊妹出降在小功者從父姊妹也豈得云非所哀痛耶

注澡者至報之節

主謂此婦人爲夫之黨類詳校主作注今案鄭注下傳正云此主謂妻爲夫之親服則主字未誤

注不見至下也節

不言中殤中從上挍勘記云上要義作下通解楊氏俱作上今案作上是此非夫之黨類雖婦人服之亦中從上可知

昆弟至長殤節

儀禮疏攷正卷三十二

儀禮疏攷正卷三十三

按勘記於殤小功章首節下云要義卷三十三起校釋云此本於單疏鈔者分卷依要義下成人小功章始爲三十三卷阮氏所刊卷注疏亦然此條當本在成人小功章首節下刊本誤置於此今觀下三十四卷此本起朋友在他邦節阮引要義則兄弟皆在他邦起蓋世行要義多經傳鈔其中互譌不勝枚舉阮氏所持未必與張刻所本相同然則此條之非刊誤可知

但以日月爲足 按勘記云足聶氏作促校釋云聶氏是也

注即就至絢也節

發問者是傳之不得決此 浦氏刪下七字今案此傳蓋謂下外親之服皆緦也

以其不得據彼決此故發何以之傳也浦說非

爲外祖父母傳曰何以小功也以尊加也節

母之姊妹之男女與從母兩相爲服校釋云母之二字似衍今案此或謂己之從母之子爲己母與己爲從母同然則母之二字雖不刪可也

馬氏云從母報　至若然是皆成人長大爲號張氏錫恭云通典卷九十二引馬氏說異姓無出入降下云皆以大夫婦人成人之名名之也賈疏因之而云成人長大爲號

注從母母之姊妹節

見有親與母名即加服之意耳有親與殿本作親有二字今案當作外親

有三字

注外親至女同節

注大夫至從降大夫誤當從各本作夫之

夫爲之期妻降一等校釋云此處似脫出嫁大功四字

其報於娣姒上者校釋云於上似脫不字

注夫之今正至從降節

以弟爲聲校勘記云陳閩俱無以字聶氏作弟似爲聲今案當爲弟以爲聲聶作似即以字之

誤

注婦姒至姒婦節

知適妻子爲之同也校釋云知當爲如今案汲古閣本正作如

注君母至姊妹節

更不別室室或當爲宮

謂母之外別有傳母御妾之等校釋云謂當爲諸下母字當爲姆皆是

師經與子爲模範校釋云經字衍或者經當爲終今案汲古閣本師經作始終

二者之中先取士妻至不拜取之內則孔疏引皇氏云士之妻大夫之

妾者隨課用一人與此微異

此經慈母句首殿本加非字似是

注云君至其子節

故以緦如絲者爲衰裳校釋云緦當爲細今案此緦如絲者與下澡治莩垢之麻分承緦麻二字緦字不誤

注緦麻至省文節

可謂緦而疏服最輕也校釋云緦當爲細是

不錫者不治其縷哀在內也校勘記云聶氏無上不字今案此有者蓋後人

據注本妄加也

纓則緣治爲縔疏帶經之縔聲之誤也疏云經之緣
緣殿本作縔今案雜記總冠繰纓注緣當

字緣旁爲之非縔治之義拔讀從喪服小記下殯
縔疏帶經之縔用服經氏錫衰恭服云小小功記當作小功縔疏
本作與帶此溧文亦不署殊絕據彼言之此並上以灰繰治布而
緣字俱作縔得之

注謂之至纓纓節

上連祖父之從父昆弟爲義句也拔下亦高祖之孫

也詳校刪句也二字下改作云今案義或當作一聲
之誤也

注族曾至明矣節

小功緦麻之殤中從下張氏錫恭云依上傳緦麻二字當衍又本服緦麻殤皆無服無從上從下之可言也今案胡氏正義引已刪之

注殤孫至下也節

姪者爲姑之出降大功長中殤小功故下殤在此也欽定義疏云姪爲姑之下殤小功據在室者降之也姑爲姪之下殤緦據己已適人而降之也疏以姪爲姑釋此非其次也當云姑爲姪成人大功長中殤小功故下殤緦今案張氏錫恭大功下補姑亦報之大功六字近之

注言中至從下節

案曾子問云古者天子練冠以燕居至若然天子諸侯禮同與大夫士禮有異也服問孔疏君既服總是近臣得從君服也此謂禮之正法鄭又引春秋之時不依正禮者有以爲小君之服服妾母者是文公四年夫人風氏薨是僖公之母成風也又昭十一年夫人歸氏薨昭公之母齊歸也皆亂世之法非正禮也又引異義云妾子立爲君得尊其母立以爲夫人否今春秋公羊既通典引無春秋既之十字說妾子立爲君母得稱夫人故上堂稱妾屈於適也下堂稱夫人尊於國也云子不得爵命父通典父作母字下妾子爲君得爵命其母者以妾在奉授於四字通典作本接事尊者有所因緣故也穀梁傳曰魯僖公立妾母成風爲夫人是子爵於母以妾爲妻非禮也故春秋左氏說成風妾得立爲夫人母以子貴禮也許君謹案舜爲天子瞽瞍

爲士起於士庶者子不得爵父母也至於魯僖公得尊母成風爲小君經無繼作通繼文從公羊左氏之說鄭則從穀梁之說故異義駁云父爲長子三年爲衆子期明無二適也女君卒繼攝其事耳不得復立爲夫人如鄭之言則此云春秋小君服之者是妁然非禮也今案鄭駁異義明用穀梁而賈氏申注乃引公羊左氏母以子貴實所未喻且曾子問疏又引皇氏云若適小君没則得伸若小君猶在則其母厭屈故練冠也所以不同大夫士爲後著在緦服必練冠者以大夫士爲母本應三年以爲後厭屈故降服緦麻王侯庶子爲母本練冠故今應練冠此乃異代之法案喪服緦麻章云庶子爲後爲其母緦鄭注服問云庶子爲後爲其母緦則是周法天子諸侯大夫士一也凡言古者皆據今而道前代此經既云古者天子爲其母則是前代可知也張氏錫恭曰賈疏實沿皇侃而溯源

於趙氏孟子注趙云王之庶夫人死迫於適夫人不得行其喪親之禮然則賈氏承用趙皇者只在小君在則練冠五服外其沒後為得伸一邊而其云天子諸侯禮與大夫士異者或假借皇氏異代之制而施諸周法也

注君卒至衆人節

當云大夫已上不服庶母　至故謂例言士也當當作雷字之誤也通典卷九二引雷次宗曰為五服之凡不稱其人者皆士也若有天子諸侯下及庶人則指其稱位未有言士為者此獨言士何乎蓋大夫以上庶母無服庶人無妾則無庶母為庶母者唯士而已彼謂常例以著唯獨一人也即謂此也與本校釋紛紛改字皆非鄭氏私囊又云雷次宗說賈氏疏蓋沿之不知賈氏明明引雷學如遵義亦為昏惑如此甚矣魯魚之貽誤後人也

士爲庶母節

舅甥本親不相報張氏錫恭云上甥節傳明云報之也此何以云不相報當攷

注從於妻而服之節

故緦麻者校釋云者上脫云報二字今案此處脫誤尚多待商

更爲或人而言或汲古閣本作成按斠記云陳閩俱作或誤校釋云或字不誤今案曹說近之

若今本不爲曾祖齊衰三月本疑當爲夫

注諸祖至服緦節

以其上連君之父母故也　浦氏君下補母字是

君母之昆弟節

君母之昆弟從服與君母之父母故亦同取於上傳解之也　浦氏同字移在父母下是

注從於至服也節

前章注爲大夫而言　校釋云大當爲丈是也

注同室至求之節

以其適夫人所生第二已下爲母自與世子同

本作正校勘記云通解要義俱作出盧氏宣旬校云正字有誤作出子者無作世子者此本作世子誤也蓋長適固多爲世子然左氏云誓於天子則爲世子未誓於天子則爲公子故有世子而非適長者不得輒稱世子也鄭故以正子言之校釋云要義作出乃世之譌耳內則曰國君世子生是初生即爲世子立適以長固之制也今案小記云世子不降妻之父母其爲妻也與大夫之適子同此正貫疏所本則此當作世子無疑盧校杜撰儀徵己有微言今云鄭言正子云云殊謬

云

此麻衣者如小功布深衣　至故知此當小功布也

詩蜉蝣疏引此注而申之曰彼注以麻衣爲小功布者以大功章云公之庶昆弟爲其母言公之昆弟則父卒矣父卒爲母大功父在之時雖不在五服之例其縷麤細宜降大功一等用小功布與貫

異曲而同工

彼麻衣及禮記檀弓云子游麻衣下衣字浦氏據檀弓改作裏又以此爲異也皆以六幅破爲十二幅連衣裳則同也浦氏刪又以此爲異也六字補此三者之衣五字皆以改作皆用下又補朝服十五升布六字今案又以六字必不可刪其餘皆所不必改故將爲人初死深衣之飾將字詳作將校釋則人字今案二字皆不誤單疏本字可證張氏錫恭云此卷單疏已佚而有錯簡入第二十三卷第十頁自淺絳至絕旁期凡三頁單一必服麻衣纁衣著校勘記引段玉裁校本云下衣字作緣今案單疏正作緣

注公子至妻輕節

注君之至而葬節　單疏本首有傳曰至不服也六字

既曰　既誤當作釋

鄭意注傳云　意注殿本倒今案注字似衍

注君之至而葬節

昆弟以旁尊降　浦氏句首補公之二字似是

注兄弟至求之節

孔子身行七十二國不見仕者　校釋云不見當爲是行今案見下或脫兄

弟二字

注皆在至早卒節

鄭亦據於此兄弟加一等發傳者十三字浦氏删今案此但順注文釋之似非衍

注於此至財矣節

儀禮疏攷正卷三十三

儀禮疏攷正卷三十四

齊衰巳下皆以免代冠以冠不居肉袒之禮故也問喪或問曰冠者不肉袒何也曰冠至尊也不居肉袒之禮也故爲之免以代之也校釋云禮當爲體蓋本於此

喪服小記曰齊衰括髮以麻免而以布校釋云齊當作斬張氏錫恭云士喪禮注作斬

自項中而前反於項上卻繞紒也張氏錫恭云士喪禮注反作交項作額

注謂服至而已節

案禮記禮運云人其父生而師教之朋友成之詳校云禮運無朋友成之四字

云居則經經謂在家居止則爲之經張氏錫恭云疑衍一經字

以三升布亦以三升布殿本三下俱補十字浦氏云三上脱十字今案殿本是

云其服有三錫衰也緦麻也疑衰也者麻要義作衰與徐本注合

又布上素下近士之弔服素下詳校云下素下二字衍今案注云改其裳

以素又云士弔服疑衰素裳則素下二字似非衍

以其三衰共有弁絰當事著皮弁亦同（校釋云當上脫不字今案此當讀三衰共有句弁絰當事句則不字雖不補可也○下又云士惟疑衰與此三衰則俱有不合矣考）

云庶人不爵弁者則其冠素委貌（浦氏其下補弔服二字脫本冠素倒）

（皆依注本校今案司服疏引此注正與此疏疊注同則此當以疏改注不當以注改疏也）

不言其服則白布深衣以白布深衣庶人之常服（張氏）

（錫恭云周禮司服疏士與庶人服同冠弁則異也與此疏不同今案檀弓孔疏引此注云鄭不顯所）

著之服文承疑衰素裳之下則庶人亦用疑衰又云或者庶人布深衣冠素委貌也蓋當時師承互有同異司服疏與此俱出賈氏而科用其一也

案司服諸侯如王之服言之鄭則諸侯皆如王亦有三衰　校釋云鄭字衍今案汲古閣本作者

及其聘之介數與卿降君二等等同下等字當爲亦　校釋云或有解云有經無帶　至故知凡弔皆有帶矣　檀弓孔子之喪門人疑所服節疏云凡弔服惟有弁經皆無帶也知無帶者周禮司服及服問但云弁經不云無帶故知然也其朋友之服諸侯及大夫等則皆疑衰故鄭注喪服云凡朋友之相爲服則士弔服也既將

云士弔服明諸侯大夫等皆用士之弔服唯加緦之經帶爲異耳是以喪服朋友麻鄭注云服緦之經帶又下文云子游襲裘帶經而入鄭注云所弔者朋友是朋友相爲加帶喪大記弔者襲裘加武帶經節疏云帶謂要帶經謂首經緦之經帶以朋友之恩故加帶經也若無朋友之恩則無帶唯經而已張氏錫恭云此等皆與賈疏異今案此正是賈所云或解首

注朋友至委貌節

曲禮注云是謂宗子不孤疏兩引皆同案曲禮注作是謂宗子之父是子不孤校釋云子上似脫宗字乃始受以大功小功齊衰也殿本齊作之張氏錫恭云聲近而誤記云大功

衰小功衰疏因之而云大功小功之衰也又云惠氏棟校改齊衰爲緦麻紟陳浦緦麻無受惠校非也

注言弧至者同節

士用肫三鼎肫浦氏金氏皆依通解作豚張氏錫恭云士喪禮大斂奠陳三鼎其實豚魚腊是也

故云三月而除者校釋云故字衍

注謂墳至除之節

若在緦章則外内俱報校釋云報當爲服似是

注童子至服也節

案曲禮云孤子當室至嫌當室與不當室異故言之

曲禮孔疏曰深衣云孤子衣純以素則嫡庶悉然今云當室則似庶子不同所以爾者通者有二云凡子皆然豈惟當室但嫡子內理蒸嘗外交宗族代親既備嫌或不同故特明之所以鄭引深衣爲注會證凡孤子悉同也崔靈恩云指謂當室不當室則純采所以然者當室之孤內理蒸嘗外交宗族所履之事莫不傷心故特純素示哀也深衣不云當室者文略耳據彼言之賈氏此疏必有所本可知也

此傳恐不當室與當室者同故明之也此蓋謂曲禮特言當室者

嫌當室與不當室異此傳言不當室者又恐不當室與當室者同而言也通解引此作當室與不當室者同者恐與疏意左

傳曰不當室則無緦服也節

云私兄弟自其族親也者自汲古閣本作目挍勘記云徐本集釋要義敖氏注作自與疏不合非也今案此本注疏皆作自

注嫌厭至降也節

以爲大夫死其妻受弔於命婦挍釋云於命婦三字衍今案此順經弔於命婦釋之曹說非

知不弔命婦爲命婦夫死者不字殿本改作此爲上補不字今案或當刪夫字

謂諸侯因朝弔異國之臣著皮弁錫衰雖成服後亦不弁經也小記孔疏云諸侯弔必皮弁錫衰若此有二種一云此句因前而發弔必皮弁錫衰謂弔異國臣也若曰弔己臣則素弁環經錫衰也故鄭注國君於其臣弁經他國之臣皮弁一云此亦爲自弔己臣而未當事則皮弁錫衰至當事乃弁經耳檀弓已論今案賈氏於此及司服疏皆據前一說而言

引服問有己君弁有卿大夫與命婦相弔法己君二字

似誤或當作君弔己臣

爲其妻降於大功降於大功殿本改作往則服之校釋云功當爲夫今案曹説是

注弔於至則否節

有事無事皆皮弁襄而已見其不足之意也襄上詳校校釋均補錫字襄上屬讀誤校萬記云襄要義作言張氏錫恭云言字下屬錫皮弁對上弁經士所輕者在當事時皮弁而不在錫襄故云皆皮弁而意已足下云見其不足之意則而已上宜有言字作言是也江蘇局重雕要義仍作襄疑韓改今案此本疏多據要義而亦作襄未知何據

故特傳釋錫襄後下近婦人吉笄無首布總乃解之

傳浦氏改作傳殿本校釋傳上補於字今案將當作待字之譌也

又笄總相對校勘記云對要義作將今案李氏集釋亦云笄總相將作將是也

注謂之至素總節

正服齊衰冠八升則正齊衰總亦八另另誤諸本作升○檀弓疏作云案衰服傳云總六升長六寸謂斬衰也故此齊衰長八寸也以二寸為差也以下亦當然無文以言之與此貌同而心異

笄總與斬衰長短為差此謂齊衰笄總與斬衰相差斬衰詳校作斬齊非

鄭言此者至不得以婦人與男子有笄無笄相對校釋

云免而無笄笄當爲冠字之誤有笄無笄四字當作冠笄有無言免髽自有相對之時然不得過泥於冠笄之有無以相對因男子必無冠遂謂婦人髽必無笄也髽固有著笄時矣疏文多譌姑爲釋之如此今案疏意蓋謂或解引小記云男子免而無冠笄則婦人髽亦無笄矣但男子免而婦人髽免髽相對自爲一事不得因男子免無笄遂謂婦人髽亦必無笄也疏文未誤

注言以至明矣節

鄭云樿自理木爲櫛挍釋云玉藻注無此文禮器注云樿木自理也

但此用樿木彼用櫛木詳挍櫛作榛是

若然喪大記云女子子既練而歸至故云可以權許

之耳業彼疏引熊氏云喪服注云卒哭可以歸是可以歸之節其實歸時在練後也此蓋賈氏所本

若然案服問云男子重首婦人重要服問當作閒傳閒傳要作帶

故雖出適猶稱子終初未出適之恩也張氏錫恭云故字上疑有脫文今案故或當作此字

注櫛笄至之恩節

妾爲女君之服得與女君同爲長子亦三年妾爲女君之服盛氏世佐改作妾爲君之黨服引大功章傳文爲證程氏瑶田喪服文足徵記云妾爲女君見不杖麻屨章爲君之長子經不見其服故賈疏曰妾爲君之黨服得與女君同爲長子亦三年也今疏作

妾爲女君之服蓋君之黨三字轉寫譌作女君之三字也按勘記云大功章大夫之妾爲君之庶子疏云妾爲君之長子亦三年者妾從女君服得與女君同妾故爲亦同女君三年此疏與彼正同然則此句但須改爲字作從若據小記注妾爲女君之黨服得與女君同則可於之下加黨字張氏錫恭云妾從服者從女君也阮氏説是

妾爲女君君之長子惡笄有首布總節

唐虞以下冠衣皆白布吉凶同按勘記云下聶氏作上今案此篇題疏亦作上

狹頭向上不須辟積其實要閒已外皆辟積無數實通

解作它汲古閣本作餘張氏錫恭云實字衍其要間三字屬上爲句下文已外乃指深衣長衣之外朝祭之服今案此承上喪裳須辟積其要中而言張說差可從

注削猶至幅也節

不一斬者挍勘記云一字疑當作言

若言者不定辭張氏錫恭云若言二字通解倒今案汲古閣本同通解

凡齊據下裳而緝之校釋云裳似當爲畔今案下裳二字或當倒曲禮去齊尺玉藻足如履齊鄭注皆云齊裳下緝也

注齊緝至展之節

此辟領廣四寸據兩相而言　兩疑當作一

注博廣至知也節

云孝子衰戚無所不在者　哀誤衰

注廣衰至不在節

取其衰摧在於偏體　偏諸本作徧是

此謂帶衣之帶非大帶革帶者也　浦氏帶衣二字倒校釋云謂帶二字倒疑倒非當爲即言此帶謂平常衣之帶即大帶革帶衣帶下尺首衣至當帶處以布接之垂下長尺耳衣帶下尺不獨喪服然也今案士喪禮說韜帶疏引雜記朱綠帶云彼是帶也諸本作綠誤湯氏張氏刻本亦作綠帶疑明此

疏段晉氏校釋云似當爲襲又用雜記注衣之帶非大帶下又云人君衣帶用朱綠與大帶同與此語意相符曹校非是

露見表衣 表金氏依通解改作裏殿本同今案上新章疏亦云露裏衣

注衣帶至際也節

下與畔皆等 校釋云與字衍似是

被當丈尺寸自見 校釋云丈當爲文是

注此謂至四寸節

以袪橫既與深衣尺二寸既據橫而言不言緣之深淺尺寸者同故緣口深淺亦與深衣同寸半可知通解

無兩既字脫本以袪至同袂二十六字改作不言緣之深淺尺寸者袪據橫而言袪橫既與深衣尺二寸同二十四字按喪記云既與至而言有錯簡當云以袪橫據橫而言既與深衣尺二寸同又云者下同字當在上文既與深衣尺二寸下袂即疏末袂記人之袂要義節去末句遂升袂字於緣口之上耳

注袪袖至右手節

云齊衰正服變而受之此服也者齊金氏依注及通解改作斬

注衰斬至差也節

以此二小功衰衰校釋云下衰字衍

既葬受衰十升冠十一升既葬下金氏依通解補以其冠爲受五字

上校二等者上詳校作止似是

注此以至著之節

儀禮疏攷正卷三十四

儀禮疏攷正卷三十五

小戴第八胡氏匡衷鄭氏儀禮目錄校證云據士冠禮疏當作第十三第八乃士虞禮

皆錄之是已下殯後論朔奠筮宅井椁卜葬日之事

也詳校云是以迴以浦金依黃校改作於此案刪金氏是以字二金又補上篇二字亦本於通解續又云此下有下字云下殯後論朔奠云云疑篇字當在下字下屬下句既夕目錄云士喪禮之下篇也可爲證今案經朔奠以下事俱卅載此篇與既夕無涉黃氏以周喪禮通故曰敖繼公云世儒分自筮宅以下爲士喪禮下皆強作解者案士喪禮之既夕少牢饋食禮之有司徹本屬一禮以簡冊繁重釐而爲二取其經首二字以名篇非有意于其間也蔡氏禮經本義王氏儀禮刪解皆合筮宅以下合

下爲一篇皆祖敖氏所駁之說以是言之抱經於此作下篇屬下讀殆與蔡王同其失者也

又喪大記云君沐粱大夫沐稷士沐粱此云士沐粱

粱諸本从米是

故得同赴於君之臣

之臣盛氏集編詳校釋皆刪今本云君之臣者正承上君之臣某而言同赴於君之臣者即上所謂君之臣某之某死是也二字斷不可刪

士喪禮第十二節

案喪大記云君夫人卒於路寢至妻皆與夫同處

喪大記注世婦以君下寢之上爲適寢疏引皇氏云君謂女君而世婦以夫人下寢之上爲適寢熊氏云

諸侯夫人大夫妻及士之妻卒皆於夫之正寢解此世婦以君下寢之上爲適寢者夫人卒於君之正寢世婦卒於君之下寢之上者與皇氏異案服虔注左傳義與皇氏同夫人之卒在於夫人路寢比君路寢爲小寢故僖八年夫人不薨于寢則不殯于廟服虔注云寢小寢也皇氏熊氏其說各異未知孰是故兩存焉今案賈氏於此謂妻皆與夫同處則其據熊解無疑

是以僖公二十三年阮氏元南昌刻注疏本二作三是案既夕疏引亦作三

經直云衾不辯大小衾上胡氏正義曹氏校釋皆補斂字是

鄭云小斂之衾當陳者不用小斂衾者殿本作是正義校釋皆作故

下屬讀蓋用通解

言大斂所用之衾者　用上詳校校釋皆依注補并字

注適室至死衣節

冀精神識之而來反衣　衣殿本作依校勘記云衣字衍未知孰是

又隸僕云大喪復於小寢　句末殿本增大寢二字似是

若然大裘是祭天地之服又與四郊建綏而復不用

大裘而冕　案疏意蓋謂天子大裘是祭天地之服故復於大祖與四郊建綏而復皆不用大裘

而冕若然又與二字上下必有脫誤校釋但改與字爲於似未善

鄭鞠衣展衣祿衣至揄狄　殿本鄭下補注云自三字刪鞠衣展衣四字祿衣下

補上字似可從

注復者至連也節

有林麓謂君與夫人有國有采地者校釋云國下脫大夫二字似是

注北面至稱字節

案喪大記將沐甸人爲垼于西牆下至鼓知復者降時徹之喪大記孔疏云舊云扉是屋簷也謂抽取屋西北簷也熊氏云扉謂西北隅扉隱之處徹取屋外當扉隱處薪義亦通也今案賈氏於下疏云此屋薪即復人降自西北榮所徹者則此亦不用熊說可知

注不由至死事節

几之兩頭皆有兩足今豎用之一頭以夾兩足喪大記疏亦引既夕注而中之云側几於足今几腳南出以拘尸足兩邊不令辟戾又引崔氏云燕几今之燕几其形曲仰而拘足與鄭違今案賈氏几制疑又與崔異

注綴猶至爲對節

則此奠是閣之餘食爲之閣誤閤

此始死俱言亦無過一豆一籩而已浦氏刪俱言二字補奠字按此記云俱言下脫脯醢二字今案阮說近之

注鬼神至依之節

案喪大記士之喪主人父兄子姓皆坐于東方至大記云尊卑皆坐據不命之士校釋云此義恐錯以下文頗難通殿本移置云

案喪大記士之喪主人父兄子姓皆坐于東方主婦姑姊妹子姓皆坐于西方鄭注云士賤同宗尊卑皆坐此除主人之外不坐者此經據命士彼據不命之士知者案喪大記云大夫之喪主人坐于東方主婦坐于西方其有命夫命婦則坐無則皆立是大夫喪尊者坐卑者立是知此非主人皆立據命士喪大記云尊卑皆坐據不命之士但此經有不命命士喪大記無不命之士此又與喪大記文不同釋亦不合此義恐錯案殿本移置甚善今詳校云此吳氏所命士不命士貫蓋承用舊義而疑之

故云此義恐錯既夕記室中唯主人主婦坐節罷義與此不同則賈之自爲說也竊疑賈氏之書據黄氏李氏爲本而疏中稱引殊不概見竊疑原本當先引二家次下己語後人删併爲一故全書内時有前後違互者且有一節内文義不甚融貫者又加以顛倒舛誤古書之受詘經義之晦蝕非一日矣今案此義恐錯以下二十八字蓋後人駁賈氏分劃命士不命士之語其云釋亦不合可爲證本在旁或上下別記傳寫誤與疏文相連不晰也諸家以爲顛倒錯置者似未盡善其與下記釋抵牾乃是曹氏所云全書内時有前後違互耳所以然者蓋因南北章疏賈氏多襲其文而没其名故也曹云後人删併爲一似無確據

注衆主至在前節

子姓謂主人之孫於死者謂曾孫玄孫曾孫爲曾祖高祖齊衰三月浦氏爲上補玄孫二字今案下曾孫二字移在之孫下亦通

注謂大至此者節

故此下經不云主人出迎經不云擯者詳校云主人出迎經不云七字衍校釋云下字衍不當爲直今案曹說差可從

有寢門者外門者要義無外門者三字按勘記云似當作知寢門非外門者今案殿本作有寢門有外門似優

注使人士至下之節

案喪大記云君無襚大夫士畢主人之祭服至至大斂乃用之喪大記孔疏云如皇氏之意臣有致襚於君之禮故少儀云臣致襚於君但君不陳不以斂熊氏云君無襚大夫士謂小斂之時君不合以衣襚大夫士至大斂則得用君襚故士喪禮大斂時云君襚祭服不倒其義俱通故兩存焉今案賈氏申大記於此謂不用之為小斂至大斂乃用之於下君襚不倒下又謂彼無襚大夫士止謂不陳為小斂用之故云無襚大夫士皆用熊義

注襚之至某襚節

始就東階下西南面　校釋云南字衍似足

注唯君至禮也節

故雜記諸侯使人弔含襚賵說乃云主人有司主人有司四字殿本據彼文改作宰舉以東今案主人有司見雜記諸侯出夫人節此疑誤引

注凡於至徹衣節

案彼自銘明旌至錄之矣引之者至故以證破子春浦氏云此五十二字通解續無當爲衍文校釋云不得以下似脫蒙此二字今案周禮小祝之職以下二十四字與下周禮小祝云云文多複冗似非疏語

案周禮小祝云設熬置銘至子春亦爲此解四十六字浦氏刪今案賈意蓋謂杜子春周禮注引檀弓正至愛之斷錄之矣爲此與鄭此注引今則其解亦當相

符矣若然此四十六字雖不刪可也但子春之引
檀弓實不止於是遂至奠以素器則其與鄭同否
以未可懸擬也

注銘明至旃也節

謂置于尸牀下時餘潘水名爲潘濯時下金氏依通解補盛字校釋
云時上脫浴字今案兩說以當兼用
以其不言鬠造者造上疑脫言字

注新此至事遽節

今此笄四寸者僅取人髻而已人各本作入是

注桑之至安髮節

廣三寸中央又容四指而已至皆廣五寸也下記設握裏親

膚繫鉤中指結于掔注掔掌後節中也手無決者以握繫一端繞掔還從上自貫反與其一端結之

疏云長尺二寸中掩之手纔相對也兩端各有繫先以一端繞掔一匝還從上自貫又以一端鄉上

鉤中指反與繞掔者結於掌後節中張氏惠言儀禮圖云據記疏則中央三寸者掩中三指五寸者

掩五指中三指特長者唯一節則牢中不過三寸而端廣五寸者各四寸半也經疏不可解或謂以

中廣三寸者當掌兩旁向手表掩之則經當云廣尺二寸長五寸矣非也校釋又云此數語有脫誤

今刪云廣三寸中央其下旁稍寬又容四指而已四指指一寸則四寸長亦四寸四寸之外仍有八

寸皆廣五寸也疏以經中字爲繫鉤中指之中中央謂韜中三指處今詳疏意以握手長尺二寸廣五寸者横設之其中央當四指處牢中旁寸四寸四寸之外仍有八寸皆廣五寸據此而言握手分作三段長各四寸其廣兩端各五寸牢中寄寸則中央之廣三寸也三十三字氏以闕踦黄二家必指横爲竪縫貼紕繆不可勝詰乃謂號不可解者不亦傎乎

注牢讀至爲方節

謂以此二者與決爲藉今弦不決韘傷指耳校釋云二者當爲極上決字當爲指下決字衍今案此疑有脱文旋考

注決猶至死鼠節

故知旁綴質與殺相接之處使相連喪大記孔疏云每輒橫縫合一頭又縫連一邊餘一邊不縫兩囊皆然不縫之邊上下安帶綴以結之張氏惠言儀禮圖云鄭云殺韜足而上質韜首而下則質殺皆縫合兩邊加囊若如孔言則自旁韜之矣然則賈說爲合云旁者就身中分之兩旁各七若五也

注冒韜至三尺節

云赤緣謂之褖者爾雅文黃氏以周云爾雅今本作緣謂之純當據賈疏以正邵郝爾雅義疏及阮氏挍勘記俱失檢云彼釋婦人嫁時褖衣據士昏禮純衣纁袡言似唐初褖字已有誤純故云然其所見緣上有赤字尚未誤也

注黑衣至爲緣節

以兩端向前與絇相連于脚跗踵足之上合結之踵足二字殿本刪今案此云脚跗踵足之上當用下注跗足上三字而中釋之疏文未誤

注冬皮至之綦節

哀十一年左氏傳云至春秋時非正法也雜記孔疏又引左傳成十七年子叔聲伯夢食瓊瑰並此云此等皆是大夫而以珠玉爲含者以珠玉是所含之物故言之非謂當時實含用珠玉也與此微異

禮緯稽命徵云天子飯以珠含竟未釋周大夫所用

以玉蓋亦異代法

檀弓孔疏引雜記公羊又引稽命徵天子飯以珠含以玉諸侯飯以珠含以璧案後漢書禮儀志注引璧作珠蓋誤卿大夫飯以珠含以貝云此等或是異代禮非周法也校釋據云此含下有脫誤當云含以玉諸侯飯以珠含以璧卿大夫飯以珠含以貝未識是周大夫所用否以玉蓋亦異代法言大夫以玉含或亦異代不始於春秋時大夫僭侈之爲或者玉當爲璧謂春秋之制大夫以璧蓋亦本異代法與周異今案曹氏於含下補以玉至以貝十九字固是但大夫以玉左傳文此疏已云春秋法以璧何休亦云春秋之制則於此不必更言異代法釋之今以檀弓疏證之所謂異代法者指禮緯言無疑上以玉二字當刪

漢書食貨志云五貝爲朋

小雅既見君子錫我百朋箋云古者貨貝五貝爲朋

疏云五貝者漢書食貨志以爲大貝壯貝幺貝小貝不成貝爲五也言爲朋者爲小貝以上四種各二貝爲一朋而不成者不爲朋鄭因經廣解之言有五種之貝貝中以相與爲朋非總五貝爲一朋也故志曰大貝四寸八分以上直錢二百一十文二貝爲朋壯貝三寸六分以上直錢五十文二貝爲朋幺貝二寸四分以上直錢三十文二貝爲朋小貝一寸二分以上直錢一十文二貝爲朋不成貝監下脫不二字寸二分漏度不得爲朋率枚直錢三文是也以志所言王莽時事王莽多舉古事而行五貝故知古者貨貝焉今案段氏玉裁說文解字注云鄭箋詩云古者五貝爲朋注易以爾雅之十龜未嘗用歆莽說信如段說則此亦不宜引漢志爲釋矣

注貝水至器名節

案玉藻云浴用二巾上絺下綌至故上用細下用麤也喪大記浴用絺巾孔疏引熊氏云此蓋人君與大夫禮或可大夫上絺下綌故玉藻云浴用二巾上絺下綌是也蓋賈所本

注巾所至麤葛節

諸於序中半以南乃得堂稱諸汲古閣本作謂似是

注皆者至之堂節

儀禮疏攷正卷三十五

儀禮疏攷正卷三十六

此爲死者　校釋云下似脫沐浴二字

注管人至縈也節

云盡階者三階上也　下階校勘記云等字之譌似是

注盡階至爨之節

大槃廣八寸　尺誤寸

注謂至有枕節

云象平生沐浴裸程者　校釋云下文子孫不在旁五字當在此者字上似可從

注象平至禮第節

今用木鉋　木誤當作大字

沐用瓦盆　盆字金氏依喪大記及通解改作盤

注用巾至用枓節

及朔半薦新祖奠大遣奠　校釋云半當爲月今案作奠亦通

以周祝徹饌而堂下二事不可並使周祝　二疑當作之

天子以下喪禮云亦當喪祝行事也　云浦氏作自殿本刪今案當作亡字之譌也

遷尸于當牖下校釋云于下脫牀字今案汲古閣本當作南據記疏云設牀於南牖下則此亦從毛作南爲是

注啇祝至一牀節

以其口實不□由足可字未刻

注不敢至足也節

以其皆有孔云皆者兼謂絇與刀衣鼻也補氏改作背非

是以鄭注周禮韅韤氏云韅屨者無絇之扉周禮注無此文

當引檀弓注

使兩足不相恃離　校釋云恃蓋悖之誤悖猶背也今案恃字校勘記引要義有江蘇局本刪

注掩者至坼也節

大斂不言牀者　首當補小斂二字

含時須澣水　含殿本改作浴今案上引大記含一牀襲一牀則此含字不誤或含浴二字當兩有

大斂君百稱五等同　下大斂節疏亦云喪大記士三十稱大夫五十稱君百稱不依命數是亦喪數畧則上下之大夫及五等諸侯各同一節今案喪大記孔疏謂鄭注雜記篇以爲襲

禮大夫五諸侯七上公九天子十二稱則此大斂
天子當百二十稱上公九十稱侯伯子男七十稱
今云君百稱者據上公舉全數而言之餘可知也
或大斂襲五等同百稱也然則貫正與彼或說同

注遷尸至大異節

本正言韎韐帶亦同得爲省文今言韎韐者用革帶
也本正至今言十四字浦氏據通解刪詳校云貫意
但言韎韐韎韐即是帶帶亦得爲省文只同字似
可去餘當仍之下韎韐當改爲韐帶今言韐帶者
用革帶也如此文理似順校釋云本正言韎韐帶
帶字句今案韐帶既是韎韐緇帶之省則正言韎
韐帶三字今不但不言韎亦省帶矣何者經雖有
帶字自是緇帶之帶非謂韎韐帶故云帶亦同得
爲省文也若然曹云帶字句固是但下句首當補

一帶字文乃完足校釋又云下韍韐當爲韐帶同此盧氏用當爲明今案注但言韍韐之省不言帶省者以其用革帶也疏正釋注文亦欲見韐自有帶盧曹二說皆非

彼是帶衣之帶非大帶

帶衣諸本作束衣此蓋據喪服記疏此謂帶衣之帶非大帶革帶者而改

諸侯禮則士大夫亦宜有之

校釋云禮下似脫有字

但人君衣帶用朱綠與大帶同此則大夫士飾與大帶同也

校釋上同字上補不字又云大夫大帶亦五采襍衣之帶不與之同疏偶失檢今案此之大帶即是吉時大帶唯有朱綠玄華無五采者雜記孔疏而曹氏誤以襍尸之大帶當之宜矣其椒鑿

不入也貫疏無誤

注鞈帶至合也節

乃以橫帶繞手一二二當爲帀校勘記云楊氏作帀

案上文握手長尺二寸裹手一端繞於手表必重校釋云表下似腕裹字握手之制如囊一端至擊一端包手指縈繞於手之表裹必重一爲覆一爲藉也今案貫意謂左右曰端非謂上下者握手長尺二寸橫施之指一寸四指四寸則繞手一帀八寸餘四寸一端必重於手表矣曹說非

注麗施至作捥節

但始死設于尸東方襲事必當辟之詳校事改作時校勘記云安知方字非妨字之譌古書有疑則闕之勿遽改今案下疏亦云即始死之奠襲後改爲襲奠以啓妨歛事故知辟襲奠阮說近之

注坎至至反之節

書傳畧說亦云夏后氏王教以忠王諸本作主此蓋據白虎通三教夏人之王教以忠而改表記疏引元命包又作立字

飯米夏祝徹之校釋云米當爲畢是

二簋留之厭之諸本作陽與祭統疏以二簋留爲陽厭之祭合此蓋據監本誤改

注夏祝至同差節

是爲辟歷而反兩端交於後爲左袵右袵右袵二字諸本無此

行

注久讀至作密節

重與主皆是錄神之物故也校釋云主似當爲銘今案曹説是

注祝習周禮者也節

以緂紟爲襄束衣襄疑當作裹

注爵弁服皮弁服節

大夫十陳衣于房中　士誤十

注祭服與散衣節

皆南與坫齊北陳之校釋北改爲南今案下陳直經在東坫南疏云依此爲首南陳之此則設於東堂下南與坫齊故北陳之也書說非

注功布至爲尊節

至於設洗篚不言巾者　凡不就洗篚皆言巾者校釋云各本至於二字與下凡字互易似是今案此盖沿誤要義

注爲奠至洗也節

不言尺寸亦與首絰同埀三尺校釋云首絰當爲大帶今案此謂牡麻散帶故云與首絰帶同埀三尺耳曹校非

七寸取五寸去一寸得四寸彼二寸浦氏彼作餘校勘記云疑破字之誤今案阮說近之

注首絰至爲上節

婦人則結本無異者異字似當從注疏本作是其

注婦人至絰也節

鄭言小斂以往鄭當爲彼

則此夷衾本爲覆尸覆柩不用入棺矣既夕疏亦云夷衾覆棺當隨柩入壙矣喪大記孔疏乃云夷衾至大斂時所用無文當應揔入大斂衣内併斂之也與賈相反

注第簀至冒也節

方四解之云誤方

若然禘郊雖先有全脀後有體解豚解禮運所云者是也校釋刪豚解二字謂全脀即豚解也今案國語注云全脀全其牲體而升之則與房脀殽脀之解者不同故賈謂雖有全脀亦有體解豚解又引禮運爲證也曹校不可從

如將大斂辟小斂奠於序西南也序西二字殿本倒校勘記云後經其

餘取先設者節疏云將設後奠則徹先奠於西序南毛本西序誤作序西此序西隅當作西序今案下注明言設于序西南上襲節疏亦云大斂時辟小斂奠于序西南毛本據正之阮氏乃執諸本誤字改此不誤者遂謂毛本倒此而謂以不狂爲狂者也

朝廟遷祖之奠不設於序西南以其再設爲褻既夕將設還祖奠徹者升注云辟新奠不設序西南已再設爲褻又將設祖奠徹先奠注云不設于序西南者非宿奠也宿奠必設者爲神馮依之久也此以二事互易言之蓋賈氏失檢上既云凡奠在室外經宿者皆辟之於序西南則此當云以其非宿奠也

注鬐解至爲密節

亦不例也倒誤例

欲見祭服文在散衣之下欲字詳校疑衍今案或當作鄭

注斂者至稱也節

則此將斬衰婦人亦去笄纚而麻髽校釋云笄字衍以是

乃著成服之髽代之也詳校髽作笄今案此謂髽有二種一未成服之髽小斂著之一成服之髽至大斂殯乃著之同名之髽故可謂之猶髽不改其實先後相代故云乃著成服之髽代之也與笄無涉盧說非

注始死至頭然節

云復位者復阼階下西面位詳校云十一字衍疏末始見之是也今案此正釋經文當存下疊見者衍

衆主人遂東即位於阼階以主人位南西面也以字金氏依通解改爲下似順

東西當序牆之東金氏詳校校勘記皆刪西字今案此謂東西之節當序牆之東以對下南北當東夾之前諸說皆非

注拜賓至夾前節

對在門外時北面陳鼎鄉內爲宜也上經陳一鼎于寢門外當東塾

少南西面。張氏惠言讀儀禮記云：西面當爲北面

之譌。凡鼎鼐鼏横，此鼏西末，則鼎無緣得西面也。

今案張說正與此疏合。或曰：士昏禮陳三鼎于寢

門外，疏云凡鼎陳于外者北面爲正，阼階下西面

爲正。士喪禮小斂陳一鼎於門外西面者，喪禮少[illegible]案大斂陳三鼎，經但言北上，未言面位。既夕陳鼎皆如初，疏乃云大斂之陳三鼎在廟門外西面北上，又云即門外于阼階下，亦西面北上尾陳，以是言之，此北面蓋當

作西面。今案此云北面鄉内，正用昏禮注文，而與

彼疏顯然違反。全書中此類實多，未可執彼而決

此也。

注舉者至順之節

似若左執爵用右手祭脯祭薦取便也。大射云卿坐左執爵右祭

脯醢，又云獲者左執爵右祭薦俎是也。校釋云祭

薦二字當易一醢字，或二字屬下讀，皆非。

注抽扃至爲密節

凡言合升多言皆并體升校釋云多言二字當爲者屬上讀正義刪言皆二字

今案多字當屬上讀言皆二字疑倒

注乃朼至爲胝節

云句人徹鼎巾者或云徹鼎者誤盛氏世佐移上句巾字補下鼎上云舊有以句人徹鼎巾爲句跋疏辨之見其當於鼎字絕句巾字屬下爲句也坊本互有衍脫今正之校勘記云闕本上句無巾字下句鼎作冪當從闕本賈氏讀句人徹鼎爲句因或本誤鼎爲鼏跋特辨之下云冪奠用功布實于簞何徹之有正辨冪字之誤也後人誤斷經句併改疏文失之遠

矣今案二說皆通未知孰是

注執事至受之節

褶者所以襚主人未必用之襚耳下襚字殿本改爲歛是

衣裳別則裳又無絮非褻校釋云則裳二字衍今案曹說恐非

注帛爲至爲襲節

注宵夜也燎火燋校勘記云火監本要義俱作大下同詳校云下云大者對手執者爲大也彼自解庭燎大燭之大非以此注爲大燋而解之也今案盧說近之

絜少儀云主人執燭抱燋下燭俟于饌東疏燕禮疏周禮司烜氏疏引同既夕

疏引人作者皆與以儀孔疏以爲獻主者四字句者異讀

大燭詳校上補庭燎二字校釋云以下燭侯于饌東

疏校之以脫又詩云庭燎之光傳云庭燎十一字

注宵夜也燎火燋節

儀禮疏攷正卷三十六

儀禮䟽攷正卷三十七

云籩豆具而有巾盛之也者校勘記引段氏玉裁校本注盛之也作神之也䟽同下文注云彌神之正蒙此今案下大斂奠䟽云以巾爲神亦其證

使小斂一豆一籩使汲古閣本作按校釋云當爲決今案昔校近之

注此饌至爲句節

但櫕木不及棺而已櫕金氏依通解作塗似是

合牡牡之中也上牡字當從諸本作牝

注殯埋至二束節

以小斂既云設盆盥饌于東方明大斂用西方之盆

盥矣胡氏培翬云此注云爲舉者上西方盥注亦云爲舉者蓋指舉尸者言若設於東方之盥則注云爲奠設盥與此別賈疏誤校釋云設盆盥饌于東方七字當爲設盆盥于饌東西方盥如東方

注熬所至於西節

但將設後奠則徹先奠於西序南西序汲古閣本倒是說詳上

注爲求至去之節

前將小斂袒案上經卒小斂主人髻髮袒注云今至小斂變則此疑有誤

注袒大至若矣節

上文始死則作銘訖置于重 校釋云訖上脫奠字

注爲銘至肂東節

朔月奠新奠 上奠字誤當作薦校勘記云薦字當在奠字下亦通

注執燭至席右節

凡設醢菹常在右 校釋云醢上似脫菹字

注右菹至脯南節

但大功亦容不同門不同財之義 校勘記引要義容下有有字

注小功至存焉節

此迎君宜哭詳校引吳云經意謂迎君不敢哭敬君故也此云宜哭與經注意背校釋云宜下當脫見馬首即不五字近之

注不哭至私恩節

引檀弓者至以其巫祝桃茢具故爲天子禮也鄭注檀弓云君聞大夫之喪去樂卒事而往未襲也其已襲則止巫去桃茢孔疏云案喪大記大夫之喪將大斂君往巫止于門外祝先入又云士喪禮亦如此又士喪禮大斂而往巫止于廟門外祝代之此皆大斂之時小斂及殯更無文明與大斂同直言巫止無桃茢之文喪大記雖記諸侯之禮明天子亦然鄭注士喪禮云諸侯臨臣之喪則使祝代巫執茢居前下天子也亦謂未襲以前也若已襲之後

茢亦去之與天子同是天子未襲之前臨臣之喪巫祝桃茢執戈三者並具諸侯臨臣喪未襲之前巫止祝執茢小臣執戈若既襲之後斂殯以來天子與諸侯同並巫止祝代之無桃茢案士喪禮君弔之禮當大斂之節而鄭注解爲未襲前者以士喪禮未襲之前君無親弔今大斂君來巫止門外故鄭以未襲之前解天子諸侯之異今案檀弓襄公朝于荊康王卒荊人曰必請襲魯人曰非禮也荊人強之巫先拂柩荊人臨之注巫祝桃茢君臨臣喪之禮孔申之云時荊王以襄二十八年十二月死至明年正月則殯來已久得有始行襲禮巫先拂柩者彼云襲者謂加衣於殯非爲尸加衣故不云拂柩及左傳云祓殯而禭是既殯也公以楚人無禮於己故公用天子未襲之前君臨臣喪之法以巫祝桃茢也乃賈氏於喪祝疏云左傳云禭即襲也襲時未殯而云祓殯者名尸爲殯然則貫

釋殯字與孔乖互蓋各有所承而然以是言之其說天子諸侯禮亦未必以襲之先後而相變也

案顧命云二人雀弁夾階浦氏云綦誤雀今案顧命云二人雀弁執惠立于畢門之內四人綦弁執戈上刃夾西階戺則二亦當改爲四

注巫掌至曰廟節

引禮運者謚君無故而入臣家校釋云而當爲不是

注釋采至爲讓節

以巾車又云象路以朝釋曰王以朝及燕出入雖不言弔臨然弔臨亦是出入之事釋曰王以四字殿本據巾車注改作謂以

日視校勘記引要義首句以下有其字巾車又云四字釋曰王以朝五字雖不言弔臨祭六字均無阮云周禮司常云道車載旞注云道車象路也王以朝夕燕出入巾車疏備引其文賈氏此疏亦兼引巾車及司常注其中似有後人增竄之詞當悉從要義今案阮說是也及字或當爲夕字之誤

以其人君皆左載無御者在中太僕疏云凡祭祀巡將征伐皆是太僕則在車左不敢使人馭自馭而前也若使人馭馭在中央身無事居左大尊故自馭也然則此乘君之乘車當居左自馭故云無御者在中校釋刪無字殊謬

不敢立相視蓋常爲式耳浦氏刪相字視下補五字以是

注貳車至必式節

以一面故云旁此蓋謂每面三拜對特拜者而言校釋云以下似脫數字恐非

注先西至拜也節

無門內外位校釋云門當爲問似是

小功緦麻疏故入即校釋云下脫位乃哭三字是

進前於士之列也校釋云進上當有云少二字下當有前於列者四字

注賓皆至特拜節

知當籩位俎南黍黍東稷者俎字盛氏世佐據敖氏改作菹似可從

注當籩至無敦節

彼有司與占者之服不純吉亦不純凶校釋云占當為筮今案賈意蓋摠雜記有司以下之服言之故云不純吉亦不純凶不必據彼注謂有司服非純吉亦非純凶而決此矣即必作筮者據彼云長衣練冠純凶服也言之又不得相合曹說以非

此乃主人之服不純吉非不純吉三字浦氏校釋皆刪

注兆域至純凶節

孝經注亦云兆塋域校勘記云上文云此注兆為吉兆彼注者謂孝經注也豈鄭解

孝經兆字有二說與唐御注考經曰兆塋域也邢疏以為依孔傳則以非鄭義嚴氏可均校孝經鄭

注云案周禮小宗伯疏引此注兆以為龜兆釋之是賈公彥申疏非原文也皮氏錫瑞鄭注疏云阮

說是也賈疏明引鄭注兆爲吉兆周禮疏又謂孝經鄭注以龜兆解之賈公彥以爲義得兩全謂鄭注孝經與注周禮儀禮不同皆可通也然則賈疏所引孝經注兆塋域必非鄭義嚴氏蓋失攷儀禮疏故不知鄭君解經兩說本可通也

注某甫至作期節

又有卽席西面一命龜汲古閣本一作坐按此記云作一是也下有共爲一命龜之語今案下文共爲一句命龜二字屬下讀則不得決此矣

是爲一事命筮汲古閣本一作因今案上下文皆云爲事命筮龜則此一字以當刪

下又云遂述命曰假爾大筮有常至共爲一辭大卜疏云

大夫已上命筮辭有二命龜辭有三者案少牢云史執策受命於主人曰孝孫某來日丁亥用薦事於皇祖伯某以某妃配某氏尚饗史曰諾又述命曰假爾大筮有常孝孫脉烨宰子珏今某以下與前同以其述命述前辭以命筮述命首大夫既得述命即卜亦得述命也是知大夫以上命龜有三命筮有二也曲禮爲日假爾泰龜有常假爾泰筮有常疏云大夫命筮二但冠即席于述命之上也皆與此合少牢疏乃云史既受主人命乃右還向闕外西面遂述上主人之辭謂之述命述命說乃連言曰假爾大筮有常此是即席西面命筮與述命同爲一辭者對士喪禮卜葬日云不述命若述命即與即席西面命龜異者葬注云述命命同龜異龜連威儀多也對此大夫少牢述命命筮同筮輕威儀少爲文也誠如此彼疏則先述命說連言即席西面命筮辭正與此相反彼豈另有所承而然

殿○是直云孝孫某來日丁亥巳下校釋云是或當因今案曹說似未可從○將即西面命遂殿本將即倒非是即下似脫席字

又有卿當席西面命爲三胡氏正義刪卿字今案卿當爲即字之譌當字衍今案

知大夫龜亦有述命士云不者校釋云云字衍今案士云不三字似涉下句衍

如大夫命龜如汲古閣本作知是

不將述命與即西面命龜共爲一命龜亦只有二者即下校釋補席字是只諸本作知此蓋據要義正賈氏以爲大夫命龜述命訖又有西面命龜通前

爲事命龜爲三而一反謂其非將述命與西面命龜共爲一通前命龜只爲二者云云作只字極是校勘記疑其誤殊錯

對少牢下疑有脫文

注述循至作衛節

案禮記檀弓云至則此云井椁及明器之材布之已久檀弓孔疏云布班也殯後十日而班布告下見椁材及送葬明器之材或云布其木宜乾腊故豫須豫纍之也今案此蓋用或解

所云者拜匠人所云者殿本作所以二字校釋云云下脫拜工二字今案此當爲拜工者

拜匠人諸說俱非

注既已至哭矣節

又經言獻材是斲治胡氏培翬斲上補未字是也

注材明至爲成節

是其卜事據此三兆也浦氏金氏事上依通解補不字似是

注旅長至東上節

謂就龜之四體腹下之甲高者部之處鑽之以示涖卜也者部諸本作一起字校勘記云當作部起

注以龜至卜也節

儀禮疏攷正卷三十七

儀禮䟽攷正卷三十八

大戴第十五校勘記云行十字卷一䟽云大戴既夕爲第五

以其記下士之始死校釋云下當爲本今案鄭目錄謂此諸侯之下士一廟則下字似不容改

乃記葬時而揔記之上記字浦氏作訖近之校釋作計非

若然大夫三廟者 至差次可知案檀弓䟽云天子諸侯以下各廟皆一日至遠祖之廟當日朝畢則爲祖祭至明日設遣奠而行若然大夫以上每日朝一廟固孔賈之所同無容後儒嗸嗸焉

既夕第十三節

故鄭云謂出門哭止復外位時者　者閩本汲古閣本作也按釋刪

既夕哭注既已至位時節

以其發殯宮二者下云燭入　二者殿本作徹奠非是

二燭至門外注早闇至用蒸節

若啓後著免亦是貶矣　案上文云主人著免不貶矣者君弔雖不當著免時主人著免與既啓之後正同對不散麻貶於斂前啓後而言此云啓後著免者謂既啓之後當免之時主人以下著免則斬衰男子亦免而無括髮亦貶於大斂之前矣二者事雖互異而俱在貶否之間故並

提而論之既字不誤既本據上文君弔主人必免爲人君變改作變非是

丈夫至如初注爲將至外位節

此亦序西南可也也既本作知是

祝降至于重注祝降至作名節

此軼既云長如狀長如二字當倒

大夫殯葬雖不用輴士朝廟用軼軸則大夫朝廟當

用輴下疏並喪大記孔疏亦云大夫唯朝廟用輴殯葬則不用輴而檀弓三臣者廢輴而設撥注三臣於禮去輴今有紼是用輴僭禮也疏云喪大記大夫二綍二碑是大夫有綍綍即紼也又注既夕

禮云大夫以上始有四周謂之輴是大夫有輴也
此云三臣於禮去輴用輴僭禮不同者大夫以柩
朝廟之時用輴綍惟殯時用輁軸不得用輴綍此
文據殯時大記及既夕禮謂朝廟及下棺也以彼
言之大夫葬亦用輴也

遷于祖用軸注遷徙至以龍節
以其上待正柩訖乃置之浦氏刪上字今案上下疑有脫文
主人至如初注如殯宮時也節
奠畢乃得東面者面當從通解作也按喪記曰疏云乃由柩足鄉柩東又云主人降拜
賓婦人乃得東也皆釋注東字之義

主人至西面注設奠至房中節

皆大斂之奠是也　胡氏正義皆下補如字是

乃奠至西階注爲遷至其足節

當同色與諸侯之臣同矣　校釋色上補三字今案賈意或謂天子之士其就與色當與諸侯之臣同然則此雖不補亦通

至華路木路不用罽　至汲古閣本作王校勘記云通解楊氏俱作王

又不言門左門右則當門之北矣　案上下疏云薦馬者當車南又云車馬至中庭之東似與此違互矣

薦馬至牽之注駕車至在南節

是由車成於薦馬故也　校釋云車上脫薦字

御者至還出注主人至薦馬節

昃是傍側亦爲特義轉爲昃者取差跌之義故從昃也　首昃字殿本校釋俱作側案下二昃字亦當爲昳司市疏云昃者傾側之義昳者差昳之言故以昳解昃也是其證

曰日側注側昳至之時節

其鑾亦一狀如長牀　注疏本刪一字

大夫二池縣於兩相喪大記疏云二池庾云兩邊而已賀云前後各一然則此用庾說可知

商祝至無貝注飾柩至有貝節

故鄭注周禮亦云在車曰紼行道曰引周禮注無此文今案賈氏於大司徒遂人疏皆引喪大記注在棺曰紼行道曰引則此亦當引之

注云坐而飲食之疑是服注文李氏貽德嚴氏蔚俱未采

屬引注屬猶至之三節

云明器藏器者也者也二字倒

自篚以下（篚上要義有包字，是）

明車近不在重今東陳於乘車之西（殿本倒今東二字。校釋云：近不在重四字或當為近南在重東北六字。今案此處文義顛錯，殆不可曉，其有譌脫必矣）

陳明至之西注明器至北也節

以其在抗木之上（木，汲古閣本作席，是）

其横與縮各足掩者（掩下脫壙字）

抗木横三縮二注抗禦至掩壙節

舊說云畚器所以盛種（案陸氏釋文引劉昌宗音種之用反，與此合）

筲三黍稷麥注筲畚至觳也節

聘禮記致饔餼云甕斗二升聘禮無此文當攷

甕三至疏布注甕瓦至作密節

以其東未還之時東當爲車

踊襲至前東注主人至東南節

即明且遣而行之是時也是時殿本倒似是

婦人至階前注爲柩至東上節

士無廞旌至則皆備三旌也檀弓綢練設旐注綢練以練綢旌之杠此旌葬

乘車所建也孔疏云送葬之旌案既夕士禮而有二旌一是銘旌二是乘車之旌其大夫諸侯則無文其天子亦有銘旌與士禮同故司常云大喪共其銘旌是其一旌也司常又云建廞車之旌廞謂興作之則明器之車也其旌則明器之旌止則陳建於遣車之上行則執之以從遣車至壙從明器而納之壙中此二旌也案士禮既有乘車載旜福孤卿之旜則天子亦當有乘車載大常謂以金路載之至壙載之而歸但禮文不具耳此其三旌也然則天子三旌也士以禮無遣車故無廞車之旌但二旌耳諸侯及大夫無文熊氏以爲大夫以上有遣車即有廞旌並有三旌也今案賈氏於此及車疏皆謂大夫以上有廞旌通上二旌則皆備三旌亦用熊說

祝取銘置于茵注重不至茵上節

皆從車而來　挍釋云車當爲東是

布席至而踊注車已至祖奠節

以其送賓據主人入　入字疑古閣本刪似是

入復位注主人至內位節

儀禮疏攷正卷三十八

儀禮疏攷正卷三十九

攷鄭無所指屬君命攷鄭解經不哭十四字浦氏刪殿本刪首攷字

屬下補攷以尊三字刪下攷鄭二字校釋云鄭解經三字衍未知孰是

擯者至人祖注尊君至西面節

上經祖還車說詳校云還車二字衍今案經乃祖注云還柩鄉外為行始則於時已還車矣攷賈氏引經意如二字釋之不嫌與下經祖還車不還器之云疑混盧說非

云婦人降即位于階間通解云下有少南二字浦氏金氏據之并校補當前東三字詳校云少南謂主人疏於此下云明柩車少南是少前也未免強相附會若補當前東三字更不

可通矣今案賈意此注云少南者謂柩車柩車既還明前而少南故婦人得降即位于階前矣不得與前主人少南當前未牽涉則此未無少南二字明甚盧駁浦金固是而其謂罷之強相附會則亦爲通解所誤甚矣校讐之不可略忽也

賓奉至致命注賓使至前後節

以其賓由輅西而致命云奠幣於棧者明著明二字疑當爲左服字之譌也

云同面使者在左宰在右而授其右也金氏在右改爲由左非

主人至服出注棧謂至作輚節

賓報事畢送去也 送殿本作遂以可從

注賓出至有事節

謂賓不辭此釋所致之物貫謂賓若無事遂去今有事故不辭也校釋云不辭此釋四字改爲釋此辭非是

注賓致可以奠也節

故在賓客贈賻與賵之下特書也 校釋云賻字當從今本作賻

書遣於策注策簡至以下節

右胖雖同 左誤右

豕亦至腸胃注如之至溷腴節

鄭云大夫用麋士用兔與今本少牢無此注當改

魚腊至如初注鮮新至略之節

又經不云菹者類皆是齏浦氏不字改爲下非

東方至蠃醢注脾讀至爲蝸節

以其徹者既祖祖注疏本作東是

既疑而知在東北西面北上者東上注疏本有重字是

以其奠祭在室掌設者校釋云掌或當爲堂今案上徹奠巾席俟于西方節疏云

凡奠於堂室者云云則此當從書校作奠祭在室

堂設者各本作掌字之譌也

鼎入注舉入至如初節

而發贏醢已南爲次發當從諸本作於

乃奠至上績注籩贏至酒也節

由柩車南而來者車下浦氏補重字來汲古閣本作東今案此當爲由重南而東者六

字

奠者至而踊注亦以至南東節

但天子九虞至明亦初虞即埋之也檀弓重主道也注重既虞而埋

三 青照閣

之乃後作主孔疏云既虞之後乃始理重理重之

後乃始作主天子九虞九虞之後乃理重今案此

蓋用今公羊說虞主用桑
役日中虞祭即作木主以存神葬役孝子和目無
所親故用以主其神也白虎通曰所大虞心立生
衡費五百三十一孔穡
說外傳曰人君既葬之
何孝子既葬日中反虞念親已役檞栖已長張然
火望係復哀痛安謨桑主以虞所以懸孝子之心
虞安其神昔
日今公羊說

張與孔氏依古左氏說天子九虞十

六日祔而作主者異

句人至倚之注遂重至由此節

士有一苞而云包三个長釋云一當爲二是

則此奠雖不改爲饌西北隅留之改爲似是二字殿本倒

徹者至下體注苞者至爲哀節

以其主人於車東北面　校釋云北當爲西似是

主人至南面注　史北至爲奠節

云柩車之前　柩上脫居字

商祝至執披注　居柩至無以節

以出宮有此踴襲以出宮有此踴者　校勘記引要義無下七字近之

出宮踊襲注　哀次節

次柩車在廟門時　校釋云次或當爲決

主人至致命注　柩車至柩車節

儀禮䟽攷正卷三十九

儀禮疏攷正卷四十

以其士殯葬不用輁軸朝廟得用之明大夫朝廟得用輴詳校刪以其二字明大夫朝廟得用輴八字而士殯至用之句移下從言之也下今案此蓋與上遷祖用軸疏云大夫殯葬雖不用輴士朝廟用輁軸則大夫朝廟當用輴文意略同且下文又論天子之元士與諸侯大夫異同之事未可輒以諸侯之士竆之其間疏文不誤

大夫諸侯以上有四周謂之輴以其十四字複出注疏本刪校勘記云疏文冗蔓多類此以非刋本誤行校釋云賈疏有極條暢處有極簡當處實非不善行文者唐以後治此經者鮮攷刋本行脫譌錯積謬相仍幾不可讀要非作者本意此十四字當是誤行後人又

以意删之耳

菑先入注當藉至菑焉節

朝貢禮及巡狩禮皆有此文聘禮注朝貢禮云純四只制丈八尺内宰注純制天子巡守禮所云制幣丈八尺純四咫與是也

玄居二　三誤二

襲賵至如初注丈八至五合節

是相見問遺之賓　校釋云見字衍是

賓出則拜送注相問至中焉節

後陳者先用甕甒後用包筲校釋云下用字當爲陳筲下脫先陳二字今案當從通解要義重先用二字曹校非是

藏包筲於旁注於旁至容甒節

案春秋僖八年經書用致夫人至不與禮合也周禮喪祝疏云案趙商問周朝而遂葬則是殯于宮葬乃朝廟案春秋晉文公卒朝殯于曲沃是爲去絳就祖殯與禮記義異未通其說荅曰葬乃朝廟當周之正禮也其末世諸侯國何能同也傳合不合當解是傳耳不得難經何者既夕將葬遷于祖用軸既夕是周公正經朝廟乃葬故云不得難經孔子發凡言不薨于寢不殯于廟不祔于姑則不致明正禮約殯于廟發凡則是關異代何者孔子作春秋以通

三王之禮今案賈氏於此蓋節錄之要其所言正與檀弓孔疏鄭康成以爲春秋變周之文從殷之質故殯於廟之云相同矣服氏乃云不殯於廟廟謂殯宮鬼神所在謂之廟禮疏引杜氏以爲不以殯朝廟皆是賈所不用

乃反至北上注西階至神位節

主婦人踊　挍勘記云通解無人字校釋云主字衍

主婦至踊三注入于至更也節

則此主啓位　主注疏本通解皆作如是

婦人亦即位于堂東面　校釋云東當爲西似是

遂適至踊三注啓位至之位節

至虞卒祭按禹記云祭上通解有哭字今案有者是

兄弟至拜送注兄弟至以歸節

喪大記謂之北牖下喪大記寢東首於北牖下注謂君來視之時也病者恒居北牖下或爲北墉下段氏玉裁校本經作寢東首於牖下無北字注作謂君來視之時也病者恒居北墉下牖下或爲北墉下多墉下二字其說曰經注本如此注意病者恒居北墉下東首今因君來視疾故移於牖下東首令君得入戶南面視疾牖在室之南故注於墉曰北者別於南之詞也曰恒居者別於君來時之詞也自讀注不得其解不知經言其變注言其常義互相足因注曰北墉下亦改經

爲北墉下此釋文云牖舊音容之故也或因經曰
牖下亦改注爲北牖下而不知北之無牖也正義
曰病者恒居北牖（段云當爲墉）下者士喪下篇云東首
於北墉下是恒居北牖（段云當爲墉）下也若君不視之
時則不恒東首隨病者所宜此熊氏所說也今謂
病者雖恒在北牖（段云當爲墉）下若君來視之時則暫
時移鄉南（段云鄉南一字經不云南牖也）要牖下東首令君得南
面而視之牖正義則熊氏本經文注文皆作北墉
下注文作於北墉下獨爲不誤而今本經文衍北
字正義中墉牖字互譌令讀者驀不能通矣又云
注云牖下或爲北墉下者謂經牖下二字一作北
墉下也胡氏培翬曰段氏申注意及訂正疏中譌
字最爲精確然以經義考之則鄭注尚未的蓋此
經當時有二本一本作寢東首於牖下一本作寢
東首於北墉下鄭用牖下之本作注故云謂君來
視之時也又疊出北墉下之本於注內即所云或

爲北墉下是也以中篇鄉胡氏所六室文鄭三襪記寢東首於北墉下鄉卷今
橐論語疾君視之東首加朝服拖紳苞氏曰夫子
疾處南牖之下皇氏義疏云病本當戶在北壁下
東首君既來而不宜北面故移處南窗之下令君
入戶而西轉面得南向也故欒肇曰南窗下欲令
南面視之也然則正義謂病者恒在北牖下若君
來視之時則遷移鄉南牖下者蓋依皇氏義也而
賈氏於此及下設牀第當牖疏引喪大記云疾病
寢東首於北牖下廢牀乃設牀於南牖下是生死
事相變也是病者恒在北牖下君來視則東首若
君不視之時則不恒東首始死乃設牀於南牖下
又與熊說相合其引喪大記作北牖下者正合下
南牖下而言蓋廢牀於北牖下故設牀宜稱南別
之若作北墉則不必言南牖矣是以鄭注士虞禮
啓牖鄉云鄉牖一名也賈云北牖名鄉鄉亦是牖
故云牖一名也乃段胡二氏必謂室北無牖凡遇

正義用牖字輒改爲墉遂至强注以就己其於正義云移鄉南牖下自知窒礙不通乃曰鄉南牖逗不云南牖也不知賈亦明言設牀於南牖下䟽內此類非一段氏將又於於南二字畧逗耶抑將謂墉字今義牖耶且南牖者漢人常語芑注可證而汲汲於城唐人正義牖字以證成其說實所謂譜子孫而忘祖宗者也此引記牖字曹氏校釋輯用胡氏改爲墉尤非

士處至墉下注將有至爲於節

去琴瑟者不[redacted]之士　缺格當塡命字

徹琴瑟注去樂節

明皆有言也　言各本作兼校釋云五字似當爲明皆互言也今案或當爲明皆有可知

徹褻衣加新衣注故衣至惡之節

亦有侍御僕從近人　近各本作之是

御者至持體注爲不至之人節

檀弓云皋某汝血三年　皋誤當從各本作高

知於是始去笄纚服深衣者　去下各本有冠而二字今案徐本注亦無

主人啼兄弟哭注哀有至易之節

云兄弟　至謂命夫命婦　案大記　至皆坐也　校釋云謂命夫命婦以上承用舊義命士不命士之說此士喪禮下似既據命士三字案大記以下貫氏下己意以

易舊說今案曹說未是詳士喪禮○若命夫命婦若下挍勘記云通解有緦字者是也

室中至亦坐注別尊卑也節

士喪禮男子免不冠免殿本改爲襲校釋竟删免字詳校云經云衆主人免此其所本也今案盧說是

注內御至冠也節

儀禮疏攷正卷四十

儀禮疏攷正卷四十一

若然小斂奠設于牀東巾之十一字殿本作若然宿奠從設於柩西巾之今案下云即檀弓所謂有牲肉者則此非謂從奠明甚殿本不可從

凡籩至巾之注籩豆至不巾節

齊衰無等校釋云衰下脫以下二字似是

既馮至布帶注衆主至以下節

鄭云髽者髮至眉子事父母之飾此柏舟傳文傳誤鄭

既殯主人說髦注既殯至未聞節

以垂小歛日要經垂注疏本通解作經似是日校勘記云當作曰今案此作日字爲優阮說非

三日絞垂注成服至垂者節

知在中門外東方北戸者一釋一釋二字各本刪

居倚廬注倚木至北戸節

今日食米一溢一當從各本作二

取十二斤分之喪服疏無二字

兩二十四銖兩下喪服疏有爲字

銖爲十絫衰服疏銖上有一字句末有八銖爲八十絫六字

則是一升得十九兩四銖八絫衰服疏首有添前二字

於二十兩仍小十九銖二絫衰服疏小作少

則爲二百一十六銖衰服疏則下有九兩者三字無爲字

添前得四百六十銖八絫衰服疏無得字

揔分爲二十四分衰服疏無上分字

且取二百四十銖衰服疏且作直字

揔爲四十絫通八絫衰服疏下有爲四十八絫五字

二十四分得二絫　喪服疏重分字

則爲十絫爲一銖　喪服疏絫下有則十絫三字

　　歠粥至菜果注不在至曰疏節

宣十二年楚雄負羈因知罃　雄注疏本作熊是

服注云菲好箭　服注疏本作杜似可從

　　御以蒲菲注不在至作騶節

注引玉藻無事則立主人之南北面　浦氏云南北誤倒蓋據今本玉

藻校今案內豎貫疏引亦作南北

從徹者而入注童子不專禮事節

云進進徹之時如其頃首注校釋云進字不當重今案注疏本無一進字

燕養至他日注燕養至其頃節

故經云筮宅冢人物土校勘記引許宗彥云物土乃營之之訛此引經文非引記文今案疏中引記謂之經其例非一許說失之

筮宅冢人物土注物猶至營土節

正經直云闔東扉主人哭金氏云婦哭人依上經及通解校

卜日至皆止注事畢節

東上兩甒醴酒　校釋云上當爲方似是

其二至乃啓注祖尊至共廟節

以其此二篇薦者　詳校刪二字薦者二字校釋云篇薦二字當爲廟朝未知孰是

視及至適祖注此謂至無從節

鄉黨孔子云素衣麑裘亦是視朔之服　詩羔羊正義引鄭注論語云素衣麑裳諸侯視朝校勘記云浦鏜云朔誤朝是也然南正義可證之服玉藻正義士冠禮疏引同明此亦用鄭義可知

薦乘至于衡注士乘至爲膳節

上經未還奉　浦氏奉改爲車似是

祖還車不易位注爲鄉外耳未行節

明知既祖還乃鄉饌之校釋云當爲明知既祖還鄉南乃饌之似可從

祝饌至巾之注言饌至乃饌節

弓限既用角明兩頭亦得用通解限作服角作骨今案上既引詩箋弭用象骨此當引冬官弓人角之中恒當弓之畏注鄭讀如秦師之入限限以證弓限用角弓限既用角兩頭亦得用可知此處必有脫文通解誤以二事合爲一所謂猶治絲而棼者也

有弭飾焉注弓無至爲飾節

謂生時以骨爲之弭側校釋云弭上似脫著字今案九字當作一句讀曹校非

設依撻焉注依纏至爲餙節

長曲記云兩摯字閩本作輊下文云非是軒摯之摯攷讀從執下至則此句不當作摯疏意從車之輊與從執之摯二字不同故特分別言之今案小雅戎車既安如輊如軒毛曰輊摯也考工記大車之轅摯鄭曰摯輖也鄭於此又曰輖摯也明輊摯輖摯同字不當分析可知以是言之非疑當作即字之譌也阮說不可從

案司弓矢鄭注云凡枉矢之制枉字涉下句誤衍

志矢至短衛注志猶擬至輕也節

儀禮疏攷正卷四十一

儀禮疏攷正卷四十二

小戴第十五 胡氏匡衷云據士冠禮疏當作第八第十五乃聘禮

士虞禮第十四節

自獻賓已後 校釋云獻賓當爲賓三獻似是

不忍一日離也 日誤曰

對時廟與寢別 校勘記云陳閩無時字校釋云時上或脫乎字今案云對時者猶曰對文二字當略逗曹校非是

側亨至東面 注側亨至言之節

則次在豕鼎之北而殿本鼎改作鼏北改作南校釋云北而二字當爲南今案二字或當爲南東面三字必知東面者以其特牲記云雍爨在廟門外東南魚腊爨在其南皆西面則此魚腊爨亦當與豕爨同東面也

魚腊至北上注爨竈節

是大夫主之廩人掌校釋云當爲是大夫之舊廩人主之今案此有脫誤當商

饎爨至西面注炊黍至彌吉節

其虞有几校釋云其下似脫實字今案司几筵疏作其實虞時始有几其筵大斂即有也文乃完足

素几至序下注有几始鬼神也節

以二豆與鉶在尸為獻前為正校釋云為獻當為未入今案賈意籩豆正從以獻之前後為別則此獻字斷不容改

從獻至北上注豆從至於正節

朝夕哭祭時門外送賓訖校釋云祭當為奠送當為拜似是

宗人至人哭注臨朝夕哭節

主人前自西入向東在階下校釋云西當為門東當為西似是

祝盥至止哭注縮縱也節

彼文承奠下　案彼文既云饋奠之事乃云士祭不足云云故此云承奠下也校釋奠改爲祭恐非

下卒哭既取大功以下　校釋云上下字當爲虞今案鄭注曾子問云祭謂虞卒哭時是其證

贊薦至在北注主婦至下着節

下文乃筵尸　筵下皆作延

佐食至稽首注鉤袒至何乎節

上文賓與主人　主上浦氏補衆字校釋云主人當爲兄弟皆通

淳尸至授巾注淳沃至者也節

執事者由堂東案婦人在堂上當東序西面今辟執事者故知其由堂東爾校釋云東字或當爲入室二字非是

婦人入于房注辟執事者節

以右手取肝於俎右畔擩鹽於左畔案此右畔左畔皆據尸而言故與據載者相反且下經云尸左執爵右取肝擩鹽注明言取肝右手也則尸取肝擩鹽皆用右手可知詳於引惠氏右畔改作左手左改作右殊謬

賓長至右鹽注縮從至併也節

乃東西面立者　西字誤衍諸本無

注踊在至面立節

即面位也　注疏本通解面上有西字今案面或當作此西字雖不補可也

婦人復位　注復堂至哭踊節

以處主人東面　殿本處作據校釋云處字衍今案殿本似是

祝出至人哭　注西面至閒嫌節

几在南變古文者　按禮記云古要義作右注古字通典集釋俱作右張氏識誤曰疏云上文設几席于室中東面右几今云几在南明其同必變文者案少牢大夫禮亦几在南此言右几

嫌與大夫同此疏之言也予以爲鄭氏稱作經者變上右几之文而已未必及大夫也若以是爲嫌上文何獨不嫌也然古必作右從疏今案要義作右字是也

陽厭時南亦几在右　注疏本通解南下有面字是

祝及至用席注改設至幽闇節

云或者遠人乎者　按此記云上者字要義作諸張氏曰疏者作諸特牲饋食禮注亦曰或諸遠人乎從疏今案張氏所持之疏正與要義合作諸爲是

祝薦至俎出注徹薦至房來節

經云不校釋不下補檰字今案此不補檰字亦通殿本改爲經文唯三字尤屬鹵莽

案下文班祔而詳校下補櫛字砅是

記虞沐浴不櫛注沐浴至沐浴節

餁熟釋言文爾雅無此文案鄭注昏禮聘禮皆云餁熟也彼疏未曾引爾雅釋之

此字從肉殳殳矛之殳聲按毄記云此豐注當云此字從肉殳聲復於殳下加殳矛之殳四字乃注中之注也胡氏承珙儀禮古今文疏義引段氏玉裁曰鄭意謂股者髀也禮經多言髀不升則取諸左股為膚祭非也尋古文用字之例假股為膉正與假脾為髀假肶膞為腨假胳為骼假頭為脰皆以異物同音相假借股與膉當是同音蓋從肉殳省聲加坄疫役皆從殳省聲之比殳與益同部此股非股肱字注當云此字從肉從殳省聲非從殳矛之殳聲今本脫誤不完據

貫疏云鄭以𠬝與服不是形聲之類其理未審貫實錯解而可發有非字今本又奪非字則更不可通矣今案段說似優

而以𠬝與服不足形人之類人當爲聲說見上

羹飪至上鼎注肉謂至𠬝聲節

注云變於食也食下當據彼注補生字

載猶至進鬐注猶猶至爲者節

以其尸祭用刲肺祝不用刲肺二刲字校釋改爲刌似是

祝俎至敦東注不升至下尸節

故知乾則滑于堇也案特牲注云荁堇屬乾之冬滑於葵則此堇字似當爲葵是以經直云冬　校釋云冬上脫夏字

鉶芼至有柟注苦苦至作苄節

儀禮疏攷正卷四十二

儀禮疏攷正卷四十三

皆指物而言主人者欲見階上校釋云欲見二字當爲在今案主人者欲見五字疑涉下文衍

還出至鄉尸注過主至之敬節

尸服爵弁不服玄端者者陳閩金氏據通解作若屬下句恐非貫意

男男至賤者注異姓至適也節

取減爲義　減疑當作彼字之譌

不綏至從獻注不綏至爲墮節

啓牖鄉是親之事校按記引顧氏廣圻云當作祝之
事今案顧説甚是

主人入注親之節

以其非常又非祭故也殿本刪又非二字校釋云祭
下脫名字今案曹説似是

是以雜記云至是微破前人三虞與卒哭同解者也
雜記孔疏云鄭以士虞禮云三虞卒哭他用剛日
先儒以此三虞卒哭同是一事鄭因此經云上大
夫虞用柔日卒哭用剛日大牢其牢既別明卒哭與虞
不同鄭引此文破先儒之義故云卒哭成事與虞
異矣今案此與彼疏大致相同則皆有所承而言
可知

三虞至成事注當祔至爲它節

祭尊在房戶之間　詳校校釋皆刪祭字是

注北南至廡也節

今卒哭祭未餞尸於門外　浦氏鏜云未誤未校勘記未下補餞字今案阮說似是

尸出至席從注祝入至事也節

主人其拜　其注疏本通解皆作荅是

尸即至在南注眗至於吉節

在廟以廟爲限　下廟下要義有門字是

注男女至作休節

尸出門哭者上　上當從各本作止

尸出門哭者止今正　注以餞至廟門節

案喪服小記云齊衰帶惡笄以終喪　詳校删帶字非說見喪服

婦人至說帶　注不說至葛帶節

饗辭勸強神之辭也者　神浦氏改作尸是也

饗辭至之饗　注饗辭至孝子節

祔遷于寢是遷　詳校作祭校釋云當爲遷今案曹說似

四時當祭在廟當殿本作常是

歸於其廟歸要義作祔是

明日以其班祔注卒哭至爲祔節

鄭雖不言不在於飾上不字詳校校釋俱刪今案此或當作鄭雖言不櫛不在於飾

沐浴櫛搔翦注彌自至爲翦節

所以嘉薦普淖普薦溲酒普薦二字殿本詳校俱刪是

注普薦至爲醆節

注祝辭之異者注下注疏本有祝辭至爲祥下空一格釋曰七字此脫

曰薦此常事注祝辭至爲祥五字今補節

儀禮疏攷正卷四十三

儀禮疏攷正卷四十四

諸侯之士祭祖禰非天子之士而於五禮屬吉禮戴氏

震校集釋云此條有脫誤釋文引鄭云諸侯之士以歲時祭其祖禰闕鶴記鄉釋歡當字之禮又疏云鄭知非天子之士而云諸侯之士者似釋文所引乃鄭目錄本文此云非天子之士及而字皆疏內字訛入注文於五禮屬吉禮下又脫大戴第七小戴第十三別錄第十五凡十四字今案吳氏劉儀禮四字已遠補偽目錄校證又云小戴第十十三據士冠禮疏當作第十七第十三乃士喪禮

文武不先不窋正字云窋誤窟

子不先父是也正字云食誤是今案左傳云子雖齊聖不先父食久矣沛說似是

特牲饋食禮第十五鄭目録節

迎尸於堂亦進黍稷牲體堂詳校改作室今案於堂或當作入室大宗伯疏亦云祭訖始迎尸入室乃有黍稷亦其證

特牲饋食之禮不諏日注祭祀至爲諏節

對文則玄端有纁裳玄裳黃裳雜裳校釋云纁裳二字衍

非直服爵端校釋云服上脫朝字

及筮至西面注冠端至廟門節

案書傳康誥云天子有事至賓客友助祭者孔氏廣林據酒

誥正義引此大傳以為此臟康誥乃酒誥之誤皮氏錫瑞大傳疏證云韓非子引酒誥毋彝酒亦作康誥段玉裁云周時通以酒誥為康誥疏或有據非誤也

子姓至北上注所祭至皆侍節

北不言具饌于西塾北當從各本作此

席于至闑外注為筮人設之也節

即與士虞記云中月而禫是月也吉祭猶未配校釋云配

下似脫異字

宰自至尚饗注宰羣至庶幾也節

大宗伯文　校釋云文當爲云

乃宿尸注宿讀至作宿節

於恩有君道　校釋云恩當爲諸官二字今案曹氏益
據少牢注改通解注疏本俱無於恩二
字

尸如至西面注不敢南面當尊節

不得擯辭記　得釋辭記　二得字殿本皆作待

注主人先拜尊尸節

諸士此獻者之中　殿本作在諸士中四字益依通解
改校勘記云要義士作在

宿賓至敢宿　注薦進至賓耳節

諸禮禮記及此儀禮而言於者以無足解之而殿本改作凡

校釋云而當爲內以上脫皆字未知孰是

故知豕云牲魚水物云獸是腊可知詳校引惠棟云疏以魚爲獸誤

矣今案魚水物三字句云獸當屬下讀

於在至東首注順猶至腊也節

文不云者　文各本作經校釋云當爲今

注濯溉至几席節

案禮記內則周禮庖人唯云庖人誤當爲內饔

注充猶至聲氣節

皆主人不視殺　視疑當作親形相近而譌

夙興至側殺　注夙早至牲也節

明主婦自爲也　自上殿本補不字似是

鄭以祭饎爨用黍而已　殿本黍下補肉字今案上引記文既無饔爨則此當無肉字可知　殿本非

注炊黍至作饎節

故見主人主婦俎見上注疏本通解俱有不字

注執事至於神節

從絲省聲省殿本作肖是也

對男子助祭祝佐食等與主人服異也校釋云祝佐食當爲賓兄弟今案下記云唯尸祝佐食玄端玄裳黃裳雜裳可也皆爵韠注云與主人同服此蓋賈氏偶失檢恐非傳刻之譌

亦髮鬄衣移袂校勘記云移少牢作侈釋文云侈本又作移疑移乃侈之誤案少牢單疏本疏文亦作移按勘記於彼又云移乃正字侈即移之假借字作侈誤也同一阮記其說前後枘鑿如

此要之似當依單疏作移爲是

同亦宵衣可知　校釋云同亦二字當倒

主婦至南面　注主婦至於姑節

經又云樂人反階前北面　反各本作西案士虞禮正作西單疏誤

佐食至中庭　注佐食至之西節

儀禮疏考正卷四十四

儀禮疏攷正卷四十五

既錯义以畢臨已載此述注义字當從集釋通解楊氏作又注疏本疏文亦作又下

同校勘記乃以义爲是未喻其故

云虞喪祭祭也此亦述注祭字似複出集釋楊氏俱無一祭字注疏本疏文亦不重

宗人至南面注畢狀至心义節

主婦洗于房中注疏本洗下有爵字案有司徹唐石經徐本集釋通解皆無則以未當增

注宗婦至菜也節

云事神之禮廟中而已出迎則厭有有殿本作首

主人有君是是厭臣之義按勘記云當云主人是君是有厭臣之義校釋云上是字當爲適今案曹說似是

注主人至爲厭節

欲見挼下有祭無醢按勘記云挼即擩之俗字挼祭挼醢本屬兩事疏恐人誤因改特辨之說文云擩染也周禮六曰擩祭然則挼祭之挼與挼醢之挼本俱作擩此節經文挼醢注中挼祭宜皆改作擩又云士虞疏引此注挼祭作擩祭改有五字不同之說段氏玉裁說文解字注改纂作挼云古音耎聲需聲畫然分別後人乃或淆亂其偏旁本从耎者譌而音由是亂矣周禮大祝九祭六曰挼祭士虞禮特牲饋食禮少牢饋食禮有司徹四篇經文凡用挼字二十唐石經周禮士

虞皆作擩特牲少牢有司皆作挼參差乖異此非經字不一乃周禮士虞經淺人妄改也郭璞而沿反李善之緣反劉昌宗而玄反陸德明而泉反皆耎聲之正音也杜子春讀如虞芮之芮郭璞而悅反劉昌宗而誰反顏師古如閱反陸德明而劣反皆耎聲之音轉也玉篇擩而主切廣韻同特牲釋文曰如悅反劉而玄反又而誰反不言而主反又不可以見其本作挼乎今案阮義段字俱是胡氏正義乃云此作擩祭誤士虞疏自據有司徹注古文為擩言之耳非也蓋此疏意云今文改挼皆為綏不從今文者謂鄭氏不從今文作綏也云引古文者欲見挼下有祭無醢故疊之而不從也者謂又不用古文作挼也然則經作挼字益從士虞禮古文也云挼醢者染於醢從經為正也者謂此乃從經作挼也

祝命至豆間　注命訝至於醓節

不合絜調之義　注疏本依通解作絜者調和之義恐非疏意

注鉶肉至能亨節

大夫羹湆　陳本無夫字與士虞禮合

設大羹湆于醓北注大羹至爲汁節

或二十七　校釋云七當為一

乃食食擧注擧言至連肉節

截在北醓南　南上脫在字通解注疏本俱有

故鄭云皆云縡也上云字殿本刪

注庶衆至縡也節

今以舉正脊一骨以陳本通解俱作尸

及骼脊脅各一骨在通解骼下有肩則二字各下有有字

以歸脡脊以其次正脊故也此譌奪難通通解以歸上多及橫脊三字殿本改作及橫脊短脅以歸尸正字云上脡及橫脊三字脡脊二字當衍文校擇又云當為以歸尸又盛橫脊短脅以其次正脊長脅故也

注佐食至讀然節

注尸授至俎豆　菹誤俎

鄭注云受者尸受之也是　也是二字殿本倒

注尸授至菹豆節

故知此是主人醋尸也　醋殿本正字俱作獻

主人降洗爵醋酒　醋當從各本作酌

主人至醋尸　注醋猶至爲酌節

授代酌　正字云三字疑衍文校釋云授下似脱祝字

注醋報至作酢節

但右手執角左手挂袪以小指右左互倒當從汲古閣本正

不于左手于當從汲古閣本作于校釋云當作執角不于左手今案如曹校與經左執角顯然相背

注詩猶至作封節

不以有入房正字云五字衍從通解刪校勘記云當作不自入房亦未安

秋斂曰嗇少牢注秋作收

主人至籩受注變黍至成功節

此汝佐食汝汲古閣本作女殿本正字改作先校勘記云此有譌脫諸說皆未是

注行神至設俎節

若乎取菹擩于醢　若乎殿本正字俱作右手此誤

注其祭之亦於豆祭節

論賓長獻尸及佐食　校釋云及下脫祝字

賓獻主人酢　獻殿本作受似通

以主婦亞獻丞初獻後　賓長又丞亞獻後　二丞字當從各本作承

言其實飲三爵　校釋云三當為二

祝與佐食亦得三獻校釋云此謂亦當即得三獻或首三當爲二

賓三至爵止注初亞至侍之節

以不斷絶取祭之是通解注疏本不作其先已三字似今案校勘記底云單疏本無其先二字則阮氏所據校本以作
以其先已斷絶與此不合未知然否

注絶肺至作説節

注於席至示均示當爲亦各本不誤

亦者亦上酒均於堂内校釋云堂當爲室

注於席至亦均節

上主婦亞獻洗爵洗爵于房中　洗爵二字各本不重

注主人至為受節

雖云如初則無肝從　正字云則疑別字誤未確

注洗乃至為受節

此因祭如初賓　如初殿本作而獻似是

以其賓得在西階上　校釋云得字衍

賓辭至荅拜注就賓至無洗節

折骨而曰折俎　校釋云折骨疑全體之譌

其折義則異彼折骨正字云彼折骨三字疑故字誤今案此本不誤謂其折義與彼折骨乃謂之折者異浦加故字下屬讀不知下句自釋注不言其體與此無涉

主人獻賓儀殿本刪儀字

薦脯醢設折俎注凡節至設之節

以其實是士之有司之中實當從各本作賓

注主人至其意節

今祭獻於西階上祭注疏本作受

注位如至之與節

明主人之得南過於賓　之當從各本作不

注西面至東北節

則如獻衆賓洗明矣者　如殿本正字俱作知校勘記云集釋引注正作知作知是也

注獻卑至明矣節

不得獻衆賓衆兄弟徧　得正譌作待據通解改

注爵辯至荅拜節

其已得三獻　已殿本作尸校釋云其下脫尸字

衆賓至爵止注尸爵至在庭節

儀禮疏攷正卷四十五

儀禮疏攷正卷四十六

此嗣子獻賓賓啐之西賓字殿本正字俱作尸據通解改

擧奠至復位注啐之至西階節

賓北面拜位位殿本作儀

則拜送皆北面可知也校釋云則下脫拜受二字今堂下無筭爵疏亦云拜受送皆北面則此有脫文明矣

兄弟至賓儀注弟子後生節

上又下長兄弟如賓儀注疏本又作文殿本下改作獻校釋云下當爲云

注脀俎至可知節

此祝以下薦羞　校釋云薦當爲羞

皆與尸佐食及祝主人主婦皆同時羞之者　校釋云與字衍

佐食當屬侑下皆字似衍

云內羞者　各本云下有無字此奪

乃羞注羞庶至內羞節

堂下行旅酬無筭爵並有　殿本並字移於酬下　校釋云行字當在並下今案二

說俱以有字殿本下屬爲句孜云然不知有字當

句阮氏得之

故上大夫及士之祭禮　殿本上下補下字是也

旅酬行無筭爵　行殿本作及校釋云行字衍

賓坐至在右　注薦南奠觶節

故鄭云受酌者拜亦北面　酌詳校作酬字是

注其尊至北面節

嫌其不終所以嫌者　八字誤複當删

注長兄至文省節

以利待尸禮　待殿本作侍校勘記云集釋正作侍

故鄭君解其義意　正字詳校皆刪意字今案義意二字疏中常見無容改

以利事尸禮將終　事殿本作侍

　利洗至于篚注利佐至殺也節

立于阼階上南面　南殿本正字俱作西與少牢合

　祝東面告利成注利猶至之嫌節

證大夫禮主人立位與士不同　校釋云不字衍

　尸謖至人降注謖起至備矣節

大夫異姓既用異代之器　夫下疑脫士字

筵對至簋鉶注爲將至政矣節

必有以從之者　各本以下有也字今案有以二字似義

我君何以久留於二佐　二佐詩箋作此乎

已上皆爲以爲似者誤也　詳校云字作以其義爲似疑於經文云以依注音之似此疏釋此句云亦謂亦似其先祖下注似先祖之德皆作似字乃疏於此又云已上皆爲以爲似者誤也既以似釋復云似誤殊所不解今案疏云以先祖有功德子孫當嗣之而廟食先祖有德亦合享此祭者蓋用旄丘箋必以德有功德故也之云爲解然則以字本無似義矣其下云亦謂亦似其先祖者因釋亦字而云然未可據以爲以有似義之證也校勘記又云必有以也毛詩作以不作似

鄭注禮時未見毛詩此注引詩必作似後人妄據毛詩改之陸釋經有以云以依注音似或如字固已為騎墻之解矣至賈疏當云已上皆為似為以者誤也今本互易二字遂不可通然疏引詩箋為解亦不合益不知鄭氏注禮與箋詩不同而說彊同之轉覺牽圂胡氏正義乃云釋文云以依注音似又云或如字者蓋當時所傳非一本有作以者有作似者故賈疏辯之其云亦謂亦似其先祖者謂亦似其先祖以德非以似釋以也賈此疏極明晰盧氏不察于此而誤相致詰阮說亦屬想當然語無確據今案胡說良是賈疏於陸氏有取有舍上徹庶羞節陸云奠然本或作暮或作薆疏謂或有作薆或有作暮者皆誤以奠為正是用釋文本字也此陸云以依注音似或如字疏謂已上皆為以為似者誤是取釋文前說而舍其後說也

以明下養席南面各本無面字是

注以讀至席南節

者然祝命徹阼俎時注疏本無者字校勘記云者要義作若是也

又退在下者又殿本作文

故宗婦豆籩令佐食并徹之令注疏本作命以是

謂宗婦徹祝俎豆籩校釋云俎字衍

祝命至序下注命命至燕也節

云唯賓俎有司徹歸尸侑之俎殿本歸下補之尊賓者有司徹歸八字以

是

若助君祭　至大夫以下或使人歸之　校釋云以曲禮正義參之若下疑脫士字下當爲上孔所見本作下賈或以義定與今案曲禮正義云此謂士助君祭也若大夫以上則君使人歸之是鄭因君以明臣言大夫以下自祭其朝則使人歸賓俎是孔氏已疑其當作上矣曹說不誤後人妄據今本曲禮改之其失文理宜矣

孔子不悅冕而行　校勘記云悅要義作稅是也

注記俎至膚者節

從而正也　校釋云而當爲其是也

記特牲至緇韠注於祭至玄端節

酌奠于鉶南是嗣子雖飲還復神之奠觶也正字云此當依通解作嗣子舉奠啐酒奠于鉶南一十字今案此云酌奠于鉶南者謂上文陰厭祝洗酌奠奠于鉶南與嗣子飲顯然兩事通解誤混妄加增刪浦又從而改疏滋繆已

實舉奠於薦南舉殿本作取今案上文作實奠觶於薦南

又長兄弟洗觚爲加爵衆賓長爲加爵如初爵止校釋云此錯簡當在上文用此爵也下云四觶上而上下有脫句此處當云又兄弟弟子洗舉觶于長兄弟

尸羞之後尸陳本通解作乃似是今案校勘記標此句首有在字似失句讀

注順從至五升節

至祭則去足　校釋云則下似脫雖士二字

注覆壺至戒也節

逼西壁爲之　正字云通解上有雖在西堂下五字

孫氏云謂室柖　正字云通解室作屋

注餕炊至在南節

據俎上云爲横　殿本刪云字

注午割至進之節

亦惠由之也校釋云之當爲近

注爲婦至西方節

此亦上經正行旅酬節　正字於亦下補約字

及拜受飲皆西面受當從各本作送此誤

又亦旅酬之法飲皆西面校釋云亦當爲約飲上脫拜受二字西當爲北或當爲同

注西面至東南節

至日月星辰　至殿本作無似是

二脊無中脅無前　二當從各本作云

本爲饌厭飫所設也　校釋云饌上脫改字

又次尸既舉脊脅未安　次殿本作欲校釋云或當爲使皆

注尸俎至神俎節

佐食也巳下卑　殿本删也字

祝俎至二骨　注凡接至三體節

故知用後右足故知用後右句　複句當删其一

注觳後至作觳節

謂長兄弟及宗人已上俎皆三皆有嚌肺殿本三下增膚字嚌作膚字

注又略至除者節

謂衆賓兄弟次賓之卑得獻此句殿本移於釋曰下謂字刪卑字作下倣釋卑改作後

謂前舉鼎匕載羞從獻衆賓擇取公有司酬爵之屬

殿本作謂執前舉鼎匕載肝從燔從加爵之事考證吳氏紱云衆賓擇取公有司七字益緣上文而

誤複

云皆與旅者皆上脫亦字

與旅者亦此二人也殿本上補亦皆二字校釋云當爲亦皆與旅亦者亦此二人也

注獻在至與旅節

儀禮疏攷正卷四十六

儀禮疏攷正卷四十七

自此盡如初儀　儀字衍

唯據羊若豕則曰豢　挍勘記云豕上要義有犬字案疏下引犒人職明犬得稱豢也

掌豢祭祀之犬　正譌云犬下脫注云養犬豕曰豢七字依通解正

注禮將至之牲節

於諸臣有君道也　臣下文注作官字

並於至主人注史家至事者節

謚伯某某甫且字　校釋云甫當爲爲

主人至尚饗注丁未至歆也節

并下文明日朝服筮尸案下經各本無服字張氏爾岐據此遂補焉胡氏正義云朝下不當有服字上筮日主人朝服此云筮尸如筮日之禮則上朝服可知不煩再說也朝如字讀早也特牲前期三日之朝筮尸如求日之儀此云明日朝義與彼同謂明日之早各本皆無服字賈疏引有服字乃衍文耳

宿注宿讀至作羞節

其尸[redacted]已宿訖挍勘記云通解作其尸上已宿訖單疏所空疑是上字

吉則至祝擯注筮吉至神象節

以大夫尸尊故也校釋云大夫行今案特牲佐食摶黍授祝節並下卒命祝節疏皆云大夫尸尊則此非誤行明矣舊說非

注尸不拜者尸尊節

案周禮鄭注司空奉豕鄭注禮記文王世子若司徒奉牛司馬奉羊司空奉豕孔疏云周禮司空奉豕無文此云知奉豕者案周禮雞人屬宗伯羊人屬司馬故此云司馬奉羊犬人屬司寇案五行傳云牛屬土雞屬木羊屬大犬屬金豕屬水司空冬官其位當水故鄭注周禮司空奉豕與案周禮鄭注似無此文

明日至乃退注刲擊至屬水節

此直有羊豕言皆有鑊殿本作此直有羊豕前注言皆有鑊校釋云言皆有三字衍今案豕下疑脫不字前注二字仍當下屬

魚腊爨在廟門外東南魚腊爨在其南殿本作魚腊爨亞之北上五字正字正譌皆據通解刪上九字集編上魚腊爨下補亞之北上案特牲記云牲爨十一字詳校云以三本校之盛所改爲是

羹定至之西注魚腊至於牲節

者取脡脡然直者上當從各本補脡字

指解脊殿本下補脊字

則脊肩胳爲綼　殿本脊上補脊字肩胳二字倒

當以腸內自爲先後之次也　殿本腸作腹字似是

司馬至一鼎注升猶至爲併節

故使兩官若共其事　若字注疏本通解皆無

司宮至右之注布陳至爲右節

即上司宮尊兩甒于房戶之閒是也　宮誤官

司宮至南柄注二尊至爲枋節

以膚者豕之實　校釋云實當爲肉今案當爲膚字之誤也

東有俎　東當從各本作未案張淳既未校出疑是注疏之誤

陳鼎至東枋注膚爲至西南節

以前膚鼎時　膚殿本作實是也

佐食至爨也注牢羊至爲利節

故俎乃一擧之而已　校釋云俎上脫載字

故肩臑在上端　正字肩下補臂字

案此經卽折前體肩臂臑兩相爲六　卽字未誤注疏本通解卽作節

字殿本節折爲句校釋亦云似當作節殊所未喻

佐食至在上注升之至於此節
以其尸之禮字其殿本作賓詳校作儐校釋尸上補儐
既見乾魚校釋云見當爲是

注右首至進尾節

儀禮疏攷正卷四十七

儀禮疏攷正卷四十八

鄭云所謂髮鬄鄭云所謂髮鬄者　六字誤複當删

衣三尺二寸　二通解汲古閣本並作三是也

故三尺三寸　故下各本有衣字今案或當補袂字

故內司服注亦爲此解也　案此當追師注文內司服誤

是以喪服記云　詳校删云字校釋云云下脫衣二尺有二寸六字今案曹說近之

茆菹麋臡　麋當依周禮作麇

云葵菹在縟者　縟本注在下補北字考證吳氏紱云特牲疏引此可證

主婦被錫衣至入于房注被錫至爲蝎節

孝經注直云外方曰簠者據而言據下殿本補外字正字補周字今案周禮舍人疏云方曰簠圓曰簋皆據外而言孝經云陳其簠簋注云內圓外方受斗二升者直據簠而言與此文理殊近則此曰簋二字當爲內圓據下當補簋字

注云離爲日日圓巽爲木木器象正字從李鼎祚周易集解圓上補體字器下補而圓簋三字今案周禮旅人疏引與浦略同舍人疏引無體字而字

主婦至于房注敫有至于房節

號生物者生各本作牲禮記注同

注羊曰至豐也節

故無拜事 拜殿本作數按盧記云當三字之訛

既不啐奠一尊 殿本正譌一作已

主人拜知初 知當從各本作如

祝主至遂坐注拜妥至而殺節

俱祭於苴上 正字云菹誤苴校釋云據鄉師注則苴字不誤今案特牲少牢吉祭無苴惟天子諸侯尊者禮備故吉祭亦有之此引守祧職則謂天子禮其有苴無可疑也曹說是

上既藏之 校釋云似當爲既則藏之

因上絕之校釋云上或當爲而

注牢羊至爲徧節

案特牲云黍稷正字云此與特牲疏義不合胡氏正義亦引胡匡衷三禮札記云貫疏於特牲佐食摶黍授祝節疏云案上文云爾黍于席上不云爾稷者以稷雖五穀之長不如黍之美於皆取舉祭食祭舉乃食祭鉶食舉節疏云前正經之時佐食爾黍於席上是無稷字也於少牢又云案特牲云黍稷此及虞皆不云稷者文不具其實亦爾之也據此以當時有二本一本爾黍下無稷字一本有稷字與今本同貫疏並引之而不顧其說之矛盾何哉

上佐至右之注爾近至相因節

其同在所俎校釋云同當爲内

此主爲大夫不儐尸者大羹之文也殿本不字刪大上增故無二字

正字亦云不當衍字大上當脱故無設三字

尸又至横之注又復至於内節

是以使祝獨侑與主人更之義義殿本作也今案與上或奪取字

此與特牲皆有尸飯法校釋云有下脱侑字

注侑勸至南面節

故從南向西面位也南下校釋補面字今案此蓋謂主人之南非謂席北南面之位

書校恐非

注祝當贊主人辭節

云親疏之者　殿本之下增宜字

注祝言至之宜節

自此盡折一膚論主人酳尸之事　正字作自此至納諸內論主人酳尸尸酢主人命祝嘏之事二十字今案尸下當脫獻祝與佐食五字補校非是

注酳猶至作酌節

既葬則藏其墮　葬周禮注作祭上尸取韭菹節疏引同

注綏或至爲肵節
謂命祝使出嘏辭　出疑受字譌
注命祝以嘏辭節
特牲無嘏　嘏下脫本補辭字
卒命至引之注嘏大至相近節
棟南一架名曰楣前（楣前二字正字倒今案浦蓋用鄉飲酒疏改）
承簷以前名曰庪上（上四字正字作楣前承簷今案亦用鄉飲酒疏）
棟北一架爲室南壁而開戶楣下有室戶文異而義（止與鄉飲酒疏棟北一）

同正字刪而字校釋將下補後字俱未達貫意

主人至坐受注室中迫狹節

以其魚猶在俎　猶殿本作獨似是

周祝賤常連之也　周祝殿本改爲腊爵今案周字或可有誤祝字似未必改

注皆升至不殊節

云自此盡入于房　殿本刪云字

論主婦亞獻祝獻尸與佐食之事　祝獻尸與四字殿本作獻尸與祝正字作尸及祝與正譌作尸獻祝與校釋作尸與獻祝

坐婦乃洗爵于房　坐當從各本作主

有司至房戶　注男女至于篚節

主人不酢主婦不致爵　殿本刪主婦二字今案主婦下或脫于主人主人八字

上大夫得儐尸故致爵　殿本致上補不字

賓長至筵前節

案祭統云凡餕之道　道下殿本依原文補每變以眾所以別貴賤之等兩句

注大夫至大也節

據二賓長以二佐食爲下　以注疏本通解俱作於似是

故二肩長於俎一端取黍也　一　殿本作西

注資猶至作齎節

餕者在東面而荅主人拜可知　校釋云而當爲面面上脫位者東三字

主人至取舉注三拜至面拜節

以其神坐之土　土當從各本作上

司士至食舉節

儀禮疏攷正卷四十八

儀禮疏攷正卷四十九

復胙者復胙日之胙祭　昨日誤从肉當從各本正

有司徹注徹室至祭也節

故云為儐尸新之　案上下文儐多作賓

埽堂注為賓至曰拚節

乃升牛豕魚三鼎　牛當從各本作羊

乃爇尸俎注爇温至寒也節

使出使迎之　殿本使作更今案之當作入文義乃足

侑出至之外注俟待至心也節

此士之雍正　士殿本改爲大夫

此四俎當俱陳于鼎之西　殿本于下補羊字

欲便三鼎之西並有俎　便當從各本作使

注雍正至爲威儀節

不言坐是重之此言坐埶之故也　通解無不字殿本改作彼言坐是重

之此不坐輕之故也

主人至不坐注左之至几輕節

其尸獨荅拜校釋云其當爲宜

注侑拜者從於尸節

至此皆朝事之籩籩下正字補籩人云朝事之籩七字殿本籩上補豆籩昔案周禮籩人云朝事之十二字今案殿本以是單疏本於籩字改葉而脱之也

主婦至興退注昌昌至房也節

尸食特擧脊肩骼脊下殿本增脊字

不云存耳存正字詳校皆改作在今案當仍作存字此承注明所擧肩骼存焉而言

注言鉄至一俎節

餘十一俎皆未　校釋云未下脫載字

又主人主婦升席時　殿本升上補俎字

羊肉至南俎注肉湆至爲汁節

故不順所折也　順所二字疑衍

司士至一俎注臑在至北者節

以下文設薦俎而注云衆兄弟至先生之脀折　校釋云注字衍衆兄弟儀當爲其衆儀唯下脫長字今案此引注云衆衆兄弟者正謂其薦脀設于其位下注未嘗與下經其衆儀相涉儀禮文三字當屬下讀長字亦不宜補

侑俎至一俎注侑俎至尸同節

者肉湆與尸同　校釋云者或當爲有

故無正俎遠下十字殿本改爲故無正體無正體遠下尸

所有者尊殿本改爲所有尊主人者

胙俎至一俎注胙俎至俎同節

尸侑主人之下皆次言豕俎魚俎亦是歷說十一俎

殿本删魚俎亦是歷說十一俎九字今案賈意蓋謂殿本如尸侑主人之下皆次言豕俎魚俎則亦是歷說十一俎矣删去九字益違賈意

又欲見魚獨副賓長獻三校釋云獻三二字當倒

異於載魚於正祭之時縮載校釋云上載字或當爲祭今案異疑當作至載字未誤

謂上司士所設於豕鼎之西者也殿本考證吳氏紱云据上經鄭注此俎當是雍人所設在北者疏語似謬今案校釋改豕鼎爲羊俎而未改司士爲雍人亦謬

司士至其上注橫載至俎同節

是以鄭亦云此未誤校釋云云當爲據非

次賓羞羊燔尸乃卒爵五也羊下通解注疏本皆有匕湇三也司馬羞肉湇

四也次賓羞羊十五字

卒升注卒已至羊俎節

注云上賓長也殿本正字皆疊賓字

賓長至豆祭注賓長上賓節

云讀如或舂或抌之抌者抌集釋通解並作抌案周禮舂人女舂抌二人注云女奴能舂與抌者抌抒臼也詩云或舂或抌說文舀抒臼也从爪臼詩曰或簸或舀或从手宂則作抌是下同

注挑謂至爲扱節

具尸禮彌儐故也　正字具作且儐作賓

尸席至荅拜注旨美至之東節

尸在侑之右　尸殿本改爲主人

注荅拜至之右節

故與尸同者　校釋云者上脫五節二字

賓長設羊俎二　下脫也字下次賓羞羊匕湆三下同

尸受至爵酌注酢者將酢主人節

案少牢下大夫　殿本删案字

司宮至于房注設簋籩至二籩節

自此賓羞匕湆　殿本此作次字

注奠爵至復用節

若然少牢主人　校釋云下脫獻祝二字

尸拜于筵上受注尊南至便也節

故下文主人獻及衆賓以下訖二字　校釋云獻下脫長賓

此與上文長賓互見　長賓二字各本倒是也

或少牢文案彼云長賓洗爵獻于尸　案少牢正作賓長疏蓋誤引

上賓至賓降注上賓至上也節

案下經不舉　不舉二字各本無是也

由儐尸如與賓客飲酒無　殿本正字刪無字校釋云或無下脫異字上句如當爲時今案無疑當作然形近之譌楊復儀禮圖云下經二人舉觶于尸侑侑奠觶于右注云奠于右者神惠右不舉變於飲酒此賓尸如與賓客飲酒然故有酬異於神惠是以奠於左蓋用此而正作然字是其證

侑一名加者少牢無侑尸此乃有　殿本尸改作及考證周氏學健云此下辭意不明非譌文譌衍即注有脫文正字刪上侑字今案一疑當作不

尸北至薦左注降洗者主人節

以二羞是內羞房中之羞內閩本改為庶今案內羞上或脫內羞庶羞四字

云房中之羞其籩下脫則糗餌粉餈者六字注疏本有

此二物持粉稻米黍米所為也持各本作皆與籩人注合

注二羞至陽也節

儀禮疏攷正卷四十九

儀禮疏攷正卷五十

衆人共得一拜校釋云一或當爲三今案曹說是也特牲主人三拜衆賓節疏亦云衆賓共得三拜

云獻私人于阼階上注云私人家臣己所自謁除也

上十八字誤複注疏本無

主人至壹拜注拜于至爲一節

知不直次上賓後一人爲衆賓長時受獻校釋云時當爲特

注既盡至不拜節

即薦字　正字即作辯殿本改爲云徧獻乃薦略之若八

不可辯其尊體　校釋云尊當爲晉言不可細別其體名故鄭以意解之依尊卑儀度用之而已今案曹說未安或當謂卑體之中有其尊體有其卑體不可徧用其尊體而已疏文不改可也

辯受至儀也注徧獻至爲議節

初則殊其長故也　則疑當作不

乃升至在左注主人至敢酢節

設薦脀於其東西面位　其下當補洗字注疏本有洗字無其字

彼謂已獻薦之故也　校釋云薦當爲尊

辯受至其位注亦辯至私人節

云兄弟位定者兄弟注疏本作凡獻是也

與上衆兄弟云殿本刪與字校釋云與當爲決

俱言繼凡獻者凡獻注疏本作兄弟校釋又云俱或當爲但

主人降至薦脅注私人至位定節

酬與無筭爵上當補旅字

拔以旅酬及無筭乃校勘記云乃要義作爵

即與亦奠一爵一爵遂酬於下殿本作侑既奠一爵尸一爵遂酬於下校

釋云上句當爲即與尸並奠一爵今案與字似當爲舉形近之譌

與賔長所舉薦右之觶殿本作與賔長所舉薦南之觶爲旅酬校釋云觶下脱並行二字今案曹說較優

二人至皆降注三獻至尸侑節

是各各於其階注疏本不疊各字

注尸拜至禮殺節

主人酬兄弟之事正字酬主人酬兄弟五字校釋云主上當有代字

兄弟至其長注後生至作觶節

決上賓尸禮殺也校釋云決上當爲故云

注拜受至待也節

此一經論衆賓長加爵加爲二字殿本倒

上賓獻侑致爵於主人時詳校侑上補尸字

賓長至不止注如初至者也節

猶如堂内之陽厭堂殿本改爲室

有司徹注徹堂至不徹節

從尸飲七已前校釋云飲七當爲七飯

是儐尸之禮　正字刪五字殿本是下補不字今案或當補下字

若不賓尸注不賓至之矣節

云此士體羊豕者　士當從注疏本作七

昏禮不載者　五字可疑校釋云昏或當爲正似未是

乃盛至皆牢注盛者至體焉節

代脅長脅短脅各一骨　骨殿本作段今案云一骨者決上篇短脅正脅代脅皆二骨以並則此不當作骨明矣下而云腊脊脅皆一骨者同

又且凡牲載體者　正字刪且字今案或當爲見

則數多於當依校釋於下補牲字殿本疊特牲二字未是

鄭注云凡腊用純者殿本注下補士昏禮三字今案昏禮注純作全

腊辯無髀注亦盛至作髀節

注祝主未聞主下脫至字各本有

祝主至于是注祝主至未聞節

設籩直有脯脩二籩脯校釋作糗

注棗饋至爵位節

儐尸異儐上當從各本增與字

注自主至于賓節

士受致自致殿本自下補酢又二字考證吳氏紱云特牲饋食禮主婦致爵于主人自酢主人又致爵于主婦補以二字其義乃全

以有尸賓殿本倒尸賓二字校釋云當爲以尸如賓今案據上疏云以其賓尸尸益卑主人益尊則以當作以其尸卑四字

士卑校釋云上脫下大夫與四字

主婦至設席注拜受至士也節

以上大夫無旅酬校勘記云上通解要義俱作下今案上字不誤此蓋謂嫌上大夫無

旅酬也

堂下亦與神靈共尊下殿本改爲上字今案據特牲疏云少牢上下大夫堂下皆無尊者士卑得與人君同大夫尊辟人君故也則此當作上爲是

賓兄至筭爵注此亦至此篇節

釋曰云自主人出至此各本上有注自主至序下六字按勘記云單疏本不標經注起止偶脫耳今案九字單疏本摘刻蓋初併釋曰二字奪之直接上節疏末後按改如此而未及補標題也

注自主至序下節

司士擊豕是之　之殿本正字俱作也按勘記云要義
正作也

卒葬至用席注官徹至作葬節

亦如衆賓從　如下當從各本補之字

拜送長可知　長上注疏本通解俱有其字

注拜送至賓也節

儀禮疏攷正卷五十

右儀禮疏攷正五十巻即チ昭和六年一月ヨリ昭和十二年一月ニ至ル研究禮疏校講ノ報告ト爲ス此編專ラ唐賈公彥カ儀禮疏ヲ攷正ス故ニ分巻モ亦タ單疏ノ舊ヲ襲ケリ蓋述ノ例撮シテ四凡ヲ發ス

一賈疏ノ源流ヲ攷フ始メ鄭君ノ儀禮ヲ注スル之カ章疏ヲ爲リシモノ黄李ノ二家互ニ修短アリ賈氏其ノ善ヲ擇ヒ兼ネテ己ノ義ヲ增ス先儒ノ名氏ニ於テ多ク沒シテ言ハスト雖モ之ヲ諸經義疏杜氏通典ノ等ニ攷ヘテ往々其ノ徵ヲ得ルモノアリ喪服ヲ釋スルニ多ク雷次宗ニ本キ戴記ヲ申スルトキ概ネ熊安生ヲ崇スルカ如キ是ナリ今其ノ要ヲ摘ミテ之ヲ錄ス獨リ闡微顯幽ノ義ノミニアラス實ニ賈疏ヲ讀ムモノノ先ツ知ラサル可カラサル所ナリ

一賈疏ノ疏謬ヲ正ス疏中徵引スル所ノ經傳時ニ案檢ヲ失ス公羊ヲ誤リテ左氏ト爲シ禮記ヲ引キテ周禮ト稱スルノ類一ニシテ足ラス

又其ノ自ラ説ヲ爲シテ齟齬謀ラス參差乖互スルモノアリ皆一時ノ
疏謬ニ出ツ今參互鉤稽シテ之ヲ正ス
一宋刻ノ訛脱ヲ正ス賈疏ノ今ニ傳フルモノ宋景祐官本ヨリ舊キハ
莫シ清道光中蘇門汪氏景刻シテ其ノ傳ヲ弘ム今據リテ以テ定
本ト爲ス但ヒ此本亦タ頗ル魯魚亥豕ノ誤アリ固ヨリ明刻諸本ノ陋
ニ於テ啻ニ天淵ノミナラサルモ其ノ更改ヲ須ツモノ猶尚少カラス幸ニシテ
宋人李氏集釋張氏識誤黄氏通解魏氏要義諸書ノ今ニ存セル
アリ今更ニ近儒ノ説ヲ折衷シテ之ヲ正ス其ノ闕ク所三十二巻ヨリ三
十七巻マテ並ニ其ノ餘ノ闕葉ハ陽城張氏校刻注疏本ニ采リテ
之ヲ補フ固ヨリ其ノ類ニ非サルコトヲ知ルト雖モ尚諸本ニ於テ優ト爲
スニ足レハナリ
一近儒ノ臆改ヲ正ス近儒ノ力ヲ賈疏ノ校訂ニ致セルモノ其ノ數殊ニ甚

カラス乾隆館臣撰スル所ノ儀禮注疏考證浦氏鏜ノ十三經注疏
正字金氏曰追儀禮經注疏正譌盧氏文弨儀禮注疏詳校阮
氏元儀禮注疏校勘記曹氏元弼禮經校釋ノ如キ皆譌脱ヲ彌
縫シテ之ヲ舊觀ニ還ス賈氏ノ功臣ト謂フヘシ然レトモ往々求ムルコト
太タ過キテ其ノ疑フ可カラサルヲ疑ヒ或ハ等閑ニ之ヲ視テ其ノ闕要ニ
中ラサルモノアリ固ヨリ瑕瑜相掩ハスト雖モ諸家ノ盛名ヲ以テ或ハ
誤ヲ後進ニ貽サンコトヲ恐ル故ニ其ノ殊ニ錯レルモノヲ擧ケテ之ヲ正ス」
今ノ引據スル所以上各書ノ外張氏惠言儀禮圖鄭氏珍儀禮私
箋胡氏培翬儀禮正義黄氏以周禮書通故張氏錫恭喪服鄭
氏學ノ等ノ如キ概ネ其ノ精華ヲ擷ヒテ之ヲ錄シ且ツ明ニ姓氏ヲ著シ
タリ特ニ學院同人切劘討論ノ語ニ至リテハ亦タ其ノ要ヲ載スト
雖モ概シテ別白ヲ爲サス敢テ其ノ美ヲ掠ムルニ非ス其ノ未タ定說ヲ

爲サヾルガ故ノミ抑ゝ儀禮ノ一經學者其ノ讀ミ難キニ苦シミ版刻ノ謬レルコト他經ニ視ヘテ尤モ甚シ賈疏ニ至リテモ其ノ文モト謇澀ニシテ孔疏ノ暢達ナルニ似ズ加フルニ宋刻ノ絶エサルコト縷ノ如ク即チ悉ク諸本ヲ併セ校スト雖モ竟ニ其ノ指歸ヲ審ニセサルモノ少カラズ本員自ラ揣ラズ魯拙ノ資ヲ以テ漫ニ之ヲ治ム掛一漏萬洵ニ免レサル所名ヲ顧ミ義ヲ思フトキ自ラ愧赧ニ堪ヘサルモノアリ

昭和十二年一月

東方文化學院京都研究所研究員

倉石武四郎

跋

右儀禮疏考正五十卷，爲一九三一年一月至一九三七年一月「禮疏校譌」研究之報告。此編專爲考正唐賈公彦儀禮疏，故分卷亦襲單疏之舊。纂述之例，撮發四凡。

一、考賈疏源流。初鄭君注儀禮，爲之章疏者黄、李二家，互有修短。賈氏擇其善，兼增己義，於先儒名氏多沒而不言。然考之諸經義疏、杜氏通典等，則往往可得其徵，如釋喪服多本雷次宗，申戴記概崇熊安生是也。今摘其要而録之，不獨闡微顯幽之義，實乃讀賈疏者所不得不先知者也。

一、正賈疏疏謬。疏中徵引經傳，時失案檢，如公羊誤左氏，引禮記稱周禮之類，不一而足。又有自爲之説而齟齬不合，參差乖互者，皆出一時疏謬。今參互鈎稽而正之。

一、正宋刻訛脱。賈疏之傳於今者，莫舊於宋景祐官本（譯者案：此當稱景德，倉石襲用汪刻單疏顧千里後序之訛字），清道光中蘇門汪氏影刻而弘其傳，今據以爲定本。但此本亦頗多魯魚亥豕之誤，雖較之明刻諸本之陋，則不啻天淵，而其有須更改者，尚屬不少。幸有宋人李氏集釋、張氏識誤、黄氏通解、魏氏要義諸書傳世，今更折衷近儒説以正之。所闕卷三十二至三十七并其餘闕葉，則采陽城張氏校刻注疏本補之。固知其非類，尚足以優於諸本故也。

一、正近儒臆改。近儒之致力於校訂賈疏，其數殊不尠。如乾隆館臣所撰儀禮注疏考證、浦氏鏜十三經注疏正字、金氏曰追儀禮經注疏正譌、盧氏文弨儀禮注疏詳校、阮氏元儀禮注疏校勘記、曹氏元弼禮經校釋，皆彌縫訛脱，還之舊觀，可謂賈氏功臣。然往往求之太過，疑其不可疑，或等閑視之，不中其關要。雖復瑕瑜不相掩，以諸家盛名，恐或貽誤後進，故舉其殊錯者而正之。

今所引據，以上各書外，如張氏惠言儀禮圖、鄭氏珍儀禮私箋、胡氏培翬儀禮正義、黃氏以周禮書通故、張氏錫恭喪服鄭氏學等，概皆摭其精華而録之，且明著姓氏。至若學院同人切劘討論之語，雖亦載其要，概不爲別白。非敢掠其美，因慮其未爲定説故爾。抑儀禮一經，學者苦其難讀，版刻之繆，視他經尤甚。至如賈疏，其文本謇澀，不似孔疏之暢達，加以宋刻不絶如縷，即悉并諸本校之，仍有不少竟不審其指歸者。本員不自揣，以魯拙之資，漫爲治之。掛一漏萬，洵所不免，顧名思義，自有不堪愧赧者。

一九三七年一月

東方文化學院京都研究所研究員

倉石武四郎